正しくきれいな字を書くための

漢字筆順ハンドブック【第四版】

江守賢治 著

三省堂

［装丁］　岡崎善保（志岐デザイン事務所）

●—書き順がわかるような彫り方をしていて、縦画があとであることがわかります。

奈良・東大寺の西大門に掲げられていたといわれ，聖武天皇が書かれたものといい伝えられています。文字の彫ってある部分の板の大きさは天地154センチもあります。　平凡社刊「書道全集」より転載

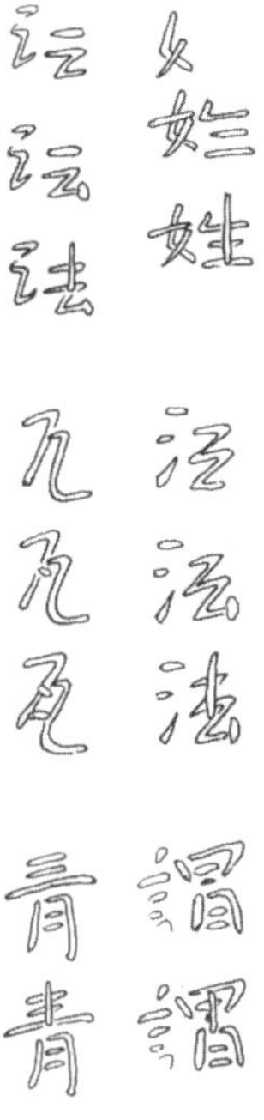

◉平安時代の瓦経
粘土のやわらかいうちに、へらで書いたため書き順がわかる。

まえがき

『漢字筆順ハンドブック』の初版が発行されたのは、昭和五十五年二月でした。それから現在に至るまでの長い間、おかげさまで多くの方々にご活用いただいた本書でありますが、このたび、主に次のような改訂を行い、第四版として刊行する運びとなりました。

○平成二十九年三月告示の「小学校学習指導要領」に示された学年別漢字配当表に基づき、配当学年の表示を改めました。また、新たに配当表に入った漢字で、手書きと教科書体活字とで字形に違いのあるものには、その解説を加えました。

○国語施策や漢字研究の現状をふまえ、解説部分にも加筆を行いました。また「漢字に関する資料・用語解説」を新設しました。

○巻末の「画数引き漢字索引」に加え、「音訓引き漢字索引」を新設しました。

このほか、より引きやすくなるよう紙面にも工夫を加え、二八六四字の筆順を収録しました。

今回の改訂にあたっては、伊藤文生先生に、第三版に引き続いてご協力をいただきました。この場を借りて御礼申しあげます。

本書が皆様の学習においてはもちろんのこと、日常の文字を書く場面でもお役に立ちますことを願ってやみません。

令和三年六月

三省堂編修所

まえがき（初版）

私たちが日常文字を書く場合、やはり漢字の形や筆順は大切なことであり、それは小さい時にしっかり身につけておくことが必要です。この点で小学校教育には大きな使命があります。もちろん、現在の小学校における国語教育、文字に関する指導は立派に行われています。しかし、問題がないわけではありません。

戦後の一時期、国語教育の中では、どうしたわけか筆順など全く顧みられませんでした。そのため、当時の子供たちは大人の思いも及ばない書き順で字を書いていました。たとえば、東の字は、まず短い横画四本、短い外側の縦画二本、左払い・右払いの順で書いてから最後に長い縦画を書いたり、ひらがなのすの字は、カタカナのナを書いてから○を書き加えたり、などの書き順です。

当然のことながら、このような事態に対して筆順の指導をすべきだとの反省がなされ、文部省に対しては指導の手引になるものをつくってほしいとの要望がおこりました。（『筆順指導の手びき』が出されたのは昭和三十三年のことでした。）そして、この文部省が出した手引では、一つの漢字は一つの筆順で教えるという方針になっていました。これは当然のことです。

ところが、その手引には「本書に取りあげた筆順は、学習指導上の観点から一つの文字については一つの筆順に統一されているが、このことは、本書に掲げられたもの以外の筆順で従来行われてきたものを誤りとするものではない。」と明記されているにもかかわらず、その後の指導が徹底しすぎたとでもいいましょうか、その指導やテストの評価などで、手引に掲げられているもの以外の筆順はすべて誤りとされるようになってしまいました。

学校教育における筆順の指導は、時計の振子のように、全く指導されなかったという極端から、筆順をきわめて狭く考えて指導するという極端に振れたわけです。
漢字というものは、その形にしても、その筆順にしても、そんなに狭い考えで書くべきものではないのに、また、どうせ大人になればどっちでもよいことを一つを正とし他をすべて誤りとして処理され、入学試験や教員採用試験までもこのように処理されて人の進路が左右される、それでは困るという考えに立って、この本を書きました。
本書は、日常よく使われる漢字二五〇〇字を選び、それによく見かける旧字体や特殊な字も加えて、その筆順のすべてをわかりやすく示しました。また、見出しの文字は毛筆で書きましたので、毛筆細字の手本となり、また、分解的に示してある筆順の文字はペン字で書いてあるので、よくわかり、親しみをもって見ていただけると思います。そのほか、漢字を美しく書くコツや、ひらがな・カタカナ・ローマ字の筆順もつけ加えてありますので、皆さんには便利に使っていただけると思います。

昭和五十四年十二月

江守賢治

目次

第一

筆順の知識

一　筆順とは

筆順とは、一つの文字を書いていく順序をいい、書き順ともいう。（書き順という方がわかりやすいので小学校の低学年では、用語としてこの方を用いるのがよいと思われる。）

漢字では、画（点を含めて）を組み立てていく順序であるとともに、また、一つの画（線）をどちらの方から書いていくかも含まれていることを忘れてはならない。

(一)　きまった筆順がなぜ必要か

漢字を書く場合、どこから書き始めようと、どんな順序で書いていこうと、出来上がった字がその形になっていればそれでよいではないかという、たいへん乱暴な考えがある。

しかし、いわゆる筆順は、長い間の筆写の習慣によってだんだん固まってきた順序である。従って、これらの筆順どおりに書けば筆の運びが自然で整った美しい形に書くことができる。

もし、昔からの筆順と異なる順序で書くと、その文字の形がとりにくいばかりか、時には別の字に見えたりする不都合が生ずるのは当然である。たとえば次の**必**の字を見ても、昔から書かれてきた**a**や**b**の筆順で書かれた字の形と、昔からの書跡には見当たらない△印の筆順による形とは、かなり異なって見える。

(二)　筆順は合理的にできている

筆順は、たいへん合理的にできている。まず(1)上の方から下の方へ書いていく。(2)左の方から右の方へ書いていく。以上の二つを組み合わせて(3)左上から書き始めて右下で書きおさめる。

これらのほか、(4)まず中心をとってしまうと形がとりやすい字の筆順や、(5)㐅のように手の動きにあった筆順もあり、また、(6)つらぬく長い画を最後に書く筆順もあって、漢字はこれらの順序に適当にあわせて書いているのである。

(1)　(2)　(3)　(4)　(5)　(6)

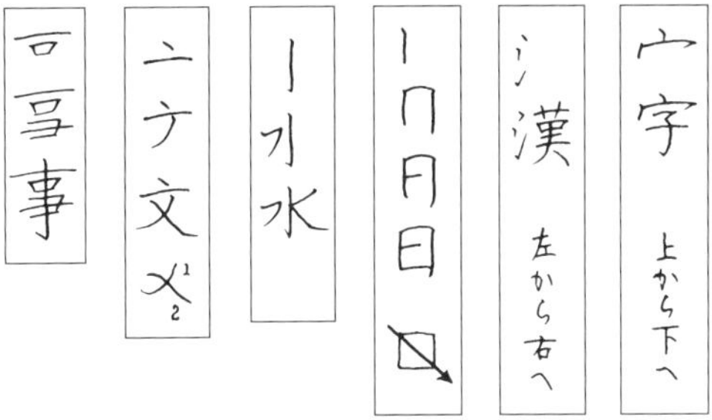

(三) 筆順指導の必要性

江戸時代は、公文書も商用文書もほとんど行書であったので、寺子屋における漢字教育も、幼い時からいきなり行書を教えた。したがって、たとえば前述の**必**の字にしても、必ず**a**か**b**の筆順で習い、また、**上**の字や**占**（点・店も含めて）などの字にしても**a**の筆順で習ったので、△印の**必**や**b**の筆順で**上**や**占**の字を書く者はいなかった。

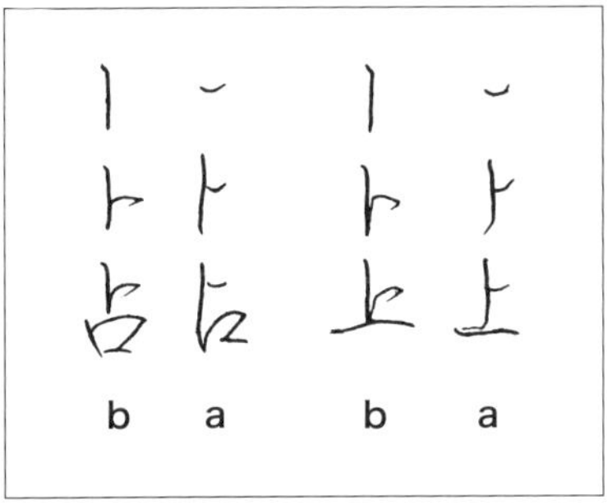

このように行書を習えば、正しい筆順も自然に習得できる。ところが現在の小学校では行書を教えていないし、中学校ではやさしい行書は教えることになっているが、実際にはほとんど教えていない。そのため、どうしてもしっかりした筆順の指導が特に必要となってくるわけである。

二　筆順に対する正しい認識

（一）　楷・行・草書三体に対する認識

楷書《かいしょ》が実用的に速く書かれるようになって行書という書きぶりの字が生まれ、行書がさらに速く書かれるようになって草書が生まれたと思っている人がいるが、これは事実とは異なる。

楷書と草書とは別の過程で生まれたものであり、行書もまた別に生まれたとみてよい。成立の順としては草書が古く漢の時代からあり、次に行書が東晋の王羲之《おうぎし》のころに完成され、楷書はその後の唐の時代のものが典型として尊重されている。楷書と行書とは比較的近い関係にあるが、楷書と草書とは直接的には結びつかない。

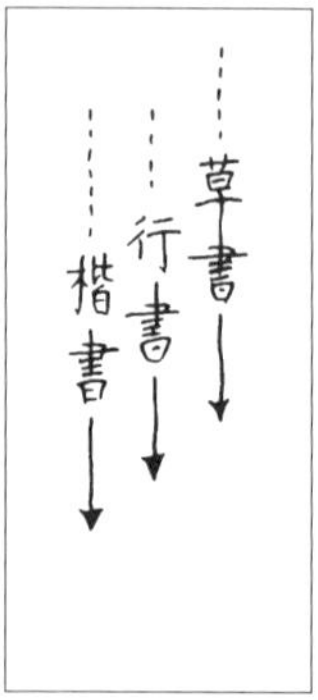

したがって、筆順のわからない楷書の筆順を考えるとき、行書の筆順を参考にするのはよいが、草書の筆順で楷書の筆順を類推することはおかしいことになる。

たとえば**上**の字の場合、行書の筆順を見て楷書の筆順を類推して前項の**a**とするのはよいが、草書の筆順を見て、縦画に相当するものが最初であるから、楷書の**上**の字も縦画から書き始めるのをよいとする考えは正しくないといえる。

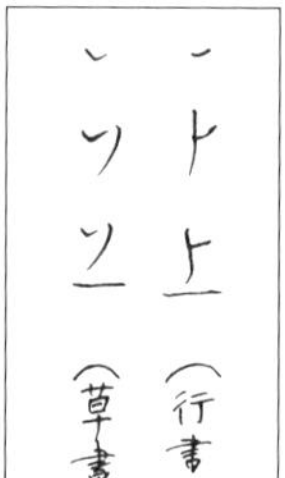

また、**書**や**出**・**正**の字の草書の形と筆順を考えても、草書の筆順を楷書にあてはめることはおかしいということが容易に理解できる。

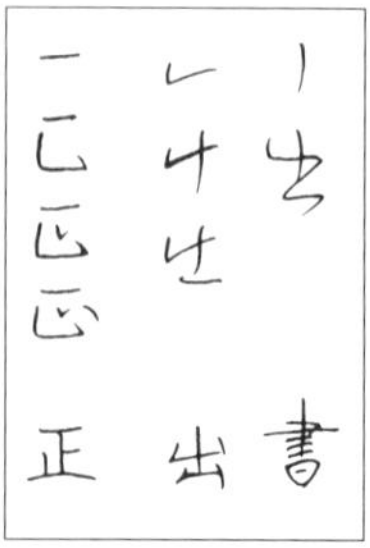

(二) 筆順は必ずしも一つとは限らない

一つの漢字には、正しい筆順は一つしかないと思い込んでいる人がいるが、それは大きな誤解である。もちろん筆順が一つしかない字もあるが、二つある字や三つ以上ある字もある。

たとえば**里**の字の場合、**a**の筆順で書いてもよく、また**b**の筆順で書いてもよい。昔からの中国の書跡を見ると、**a**の筆順が多く、わが国の平安時代の書跡では**b**の筆順で書かれたものがたいへん多い。(現在、小学校では**a**の方を教えている。)

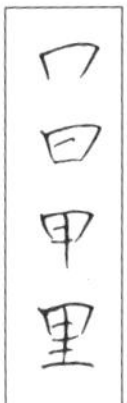
a

b

わが国三跡のひとり、小野道風の書跡の中にも、**b**の筆順で書かれた**野**の字がたくさん見うけられる。

恵の字の筆順も、**abc**三とおりのいずれもが正しいのであり、現在の常識的な考えによれば**a**や**b**であるが、昔の書跡を見ると**c**がかなり多い。このことは、**書**の字の場合も同じである。

書の字の場合、これも常識的な考えからいえば上から下の順序へ書いていく**a**が書きやすいように思えるが、昔からは例外がないといってよいほど、**b**の筆順で書かれてきたし、古典的な行書の作品を見ても、例外なく**b**の筆順によるものばかりである。

a

b

c

a

b

したがって、現在でも書道の専門家は必ず**b**の筆順で**書**の字を書き、もし、**a**の筆順で書いていたならば、この一字だけを見てその人はプロではないとさえいえる。

また、**馬**の字やうまへんにしても、**ab**二つの筆順があり、この両者を実際に書いてみると、両者ともいかに自然に筆が運ぶかがわかる。

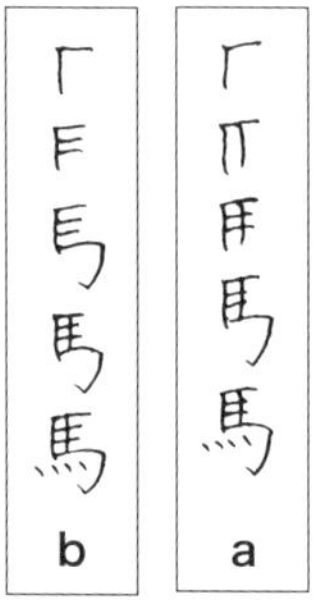

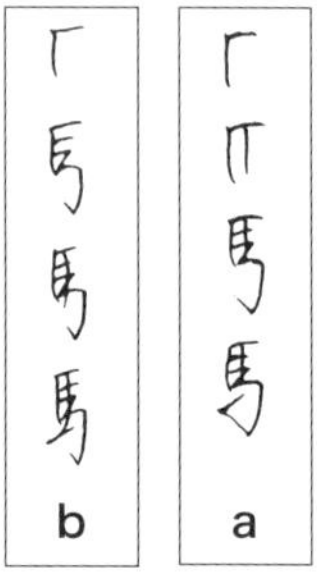

(三)　筆順はやはり変わるか

承の字を古典的な楷書の作品で見ると、(2)のように短い三本の横画の三つめが明らかに右にはね上げてあり、このことから**a**の筆順で書いていることがわかる。また、**承**の字の古典的な行書の作品や昔の書跡を見ると、例外がないほど(3)の形と筆順になっている。

　ところが、現在一般では、楷書の**承**の字を**a**の筆順で書けということは無理といえるほど、**b**の筆順が普通になってしまった。

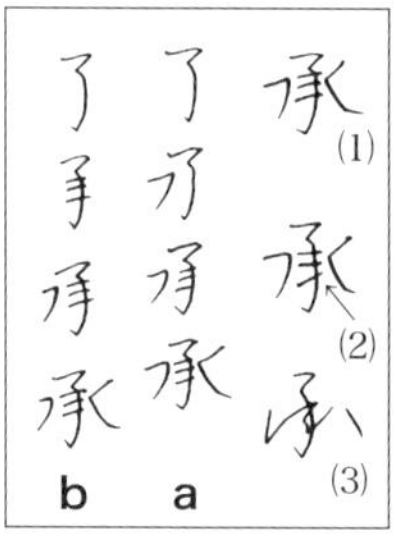

また、**無**の字にしても、行書で書く場合は例外なく**a**と同じ筆順で書かれてきたし、古典的な行書の作品を見ても、すべて**a**であり、古典的な楷書の作品(1)を見ても**a**の筆順で書いていることがわかる。（ただし、まれな例外(2)があり、それは聖武天皇の『雑集』の中に見える。）

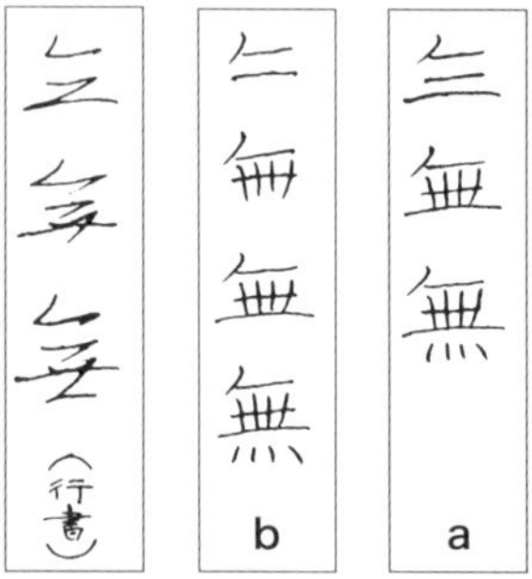

ところで、戦後かなりの間、学校における筆順の指導が中断され、『筆順指導の手びき』で**b**の筆順が採用されてそれが普及し、さらに行書も書かれなくなっていくと、早晩すべての人は**無**の字を**b**の筆順で書くようになるであろう。そのことは**承**の字の筆順が、現在まったく変わってしまったことから予想できる。

ただ、それでも従来の形で**無**の字の行書を書こうとすれば、やはり書きなれた**b**でない**a**の筆順にきりかえて書かねばならない不都合が生じることになる。

〈資料〉

左に承の字を三字示してあるが、いずれも、現在の楷書の規範となった、中国・初唐の三大家の字である。すなわち、**a**は欧陽詢《おうようじゅん》、**b**は虞世南《ぐせいなん》、**c**は褚遂良《ちょすいりょう》である。

この三字を見ると、現在われわれが五画目として書いている画を右上の方向にはね上げている。これは明らかに七画目に向かっている。いいかえれば五画目を六画目になる筆順で書いているわけである。

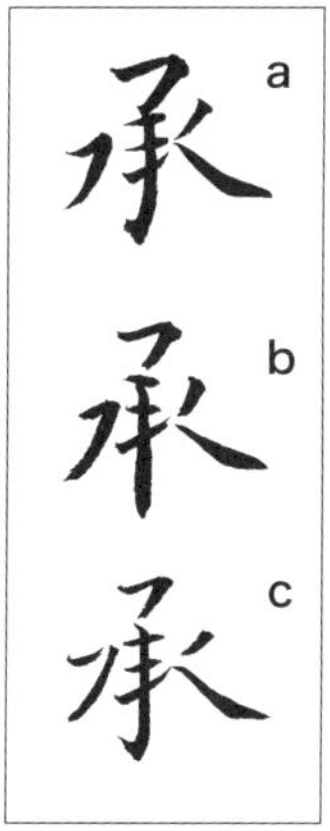

三　『筆順指導の手びき』について

戦前の学校教育では、国語教育に現在よりもはるかに多い時間があてられていて、漢字筆順の指導もていねいに行われていた。ところが、いわゆる終戦後は筆順の指導がおろそかになり、児童が漢字を書くにもその筆順はでたらめであることが目立った。

ここにおいて、筆順の指導に対しての見直しと反省が起こり、学校の現場から文部省に対して、漢字の筆順を指導する場合のよりどころとなるものを要望した。

そのため、文部省においては、外部の専門家や現場の先生の意見を入れ、別表漢字いわゆる教育漢字について『筆順指導の手びき』を編集発行した。それは昭和三十三年のことで、これによって小学校での漢字筆順の指導が行われ、また昭和三十六年度以降に使用される小学校用教科書検定基準の細則の中に、教科書の筆順に関する部分の編集はこの手びきによることが明記された。

発行後、この手びきによる筆順の指導はかなり徹底して、その教育効果は上がり、筆順の重要さは認められた。しかし、その後、備考漢字が加えられても手びきには補充されなかった。たとえば**卯**の字などは当然手びきに加えられるべきであった。

また、**上・店**などの字も**a**の筆順（11ページ下段の表を参照）にもどすことなく、その上、この手びきにない筆順は誤っているとされるようになり、そのことは学級におけるテストだけでなく、入学試験や教員採用試験にまで及んできた。

小学校における漢字筆順の指導では、二つ以上正しい筆順がある漢字では、その中から選んだ一つの筆順でその漢字を指導するのはよろしい。その指導方針は間違っていない。しかし、大人になった場合、行書を習う場合、伝統的な字を書く場合などに不都合の生ずるおそれのあることを知らねばならない。

ちなみに、昭和五十五年度以降使用の小学校用教科書の検定基準細則から、手びきによるべきことの一項は除外された。

ある対話（abの筆順については11ページ下段の表を参照）

A　なぜ、昔から**上**の字は**a**の筆順で書いてきたのに、新しく**b**で教えることになったのですか。

B　片仮名の**ト**の字と同じ順序で書く方が子供にはわかりやすいし、まず中心の長い縦画を書く方が形をとりやすいと考えたからです。

A　片仮名の**ト**の字は二画めは下を向いているのに、**上**の字のそれは少し上に向いており、同じでないのですよ。また、平仮名の**よ**の字も**上**の字の**a**の筆順に同じと思えませんか。

B　……

A　行書を書く場合には、**b**の筆順から**a**の筆順に変える必要が生ずることについてはどう考えますか。

B　行書ではそうかも知れませんが、草書の筆順は**b**と同じです。

A　楷書の筆順を考える場合、行書の筆順を考え合わせることはよいが、草書の筆順は参考になりませんよ。また、現在では、なにも草書をひき出す必要はないではありませんか。

活字と書き文字の違い

明朝体などの活字にはデザイン上の約束があって、たとえば水や家・豚の豕、⺮などのように書く字の形とは異なっている。上が活字の形、下が書き文字の形である。

為と艹は、それぞれ上が活字の旧字体、中が書く字の旧字体、下が今の形である。

漢字に関する資料・用語解説

当用漢字表　昭和二一年一一月一六日内閣告示第三二号。「日常使用する漢字の範囲」を一八五〇字に制限した。この表に示された漢字を当用漢字と呼ぶ。

当用漢字字体表　昭和二四年四月二八日内閣告示第一号。「漢字を使用する上の複雑さは、その数の多いことや、その読み方の多様であることによるばかりでなく、字体の不統一や字画の複雑さにもとづくところが少くないから、当用漢字表制定の趣旨を徹底させるためには、さらに漢字の字体を整理して、その標準を定めることが必要である。」（同日付内閣訓令第一号）との趣旨で、当用漢字の字体の標準を定めたもの。

常用漢字表　①昭和五六年一〇月一日内閣告示第一号。「法令、公用文書、新聞、雑誌、放送など、一般の社会生活において、現代の国語を書き表す場合の漢字使用の目安を示すもの」で、字種（一九四五字）・字体・音訓・語例等を総合的に示した表。（この告示により、当用漢字表・当用漢字音訓表・当用漢字字体表は廃止された。）
②平成二二年一一月三〇日内閣告示第二号。①と同様の性格をもち、字種（二一三六字）・字体・音訓・語例等を総合的に示した表。（この告示により、①の昭和五六年一〇月一日内閣告示第一号は廃止された。）この表に示された漢字を常用漢字と呼ぶ。この表では、「当用漢字字体表」で行われたような字体の整理は行われなかった。

教育漢字　当用漢字のうち、「当用漢字別表」（昭和二三年二月一六日内閣告示第一号）に示された漢字で、計八八一字。別表漢字とも呼ばれ、「義務教育の期間に、読み書きともにできるように指導することが必要である」とされた。のち、学年別漢字配当表に吸収された。

学年別漢字配当表　昭和三三年一〇月文部省告示「小学校学習指導要領」に掲げられた表。小学校で学習する漢字を定め、各学年に配当したもの。当初は八八一字であったが、昭和四三年に「備考欄」が設けられ、一一五字が追加された（これらは備考漢字と呼ばれた）。のち、三度の改定を経て、本書刊行時に施行されていた平成二九年三月文部科学省告示「小学校学習指導要領」の学年別漢字配当表では、常用漢字のうちの一〇二六字を各学年に配当している。また、この表に示された字体を漢字指導において字体の標準とすると定められている（この字体を標準字体、その字形を標準の形と呼ぶ）。なお、この表にある漢字を学習漢字・教育用漢字・教育漢字などと呼ぶが、名称は統一されていない。本書に掲載した配当学年はこの表に基づく。また、本書では学年別漢字配当表の漢字をさすときには学習漢字と呼んでいる。

人名用漢字　子の名前に用いることのできる文字は、戸籍法と戸籍法施行規則に定められている。このうち、漢字は常用漢字表と戸籍法施行規則別表第二に示された漢字に制限されている。この別表第二に示された漢字（本書刊行時で八六三字）を人名用漢字と呼ぶ。本書には、日常よく使用されると思われる四四九字を収録している。

（三省堂編修所）

第二

筆順

一　基本編

㈠　筆順についての基本的な考え方

漢字を書いていく場合、その書いていく順序には、次のような二つの大きな原則が考えられる。

⑴　上から下へ書いていく

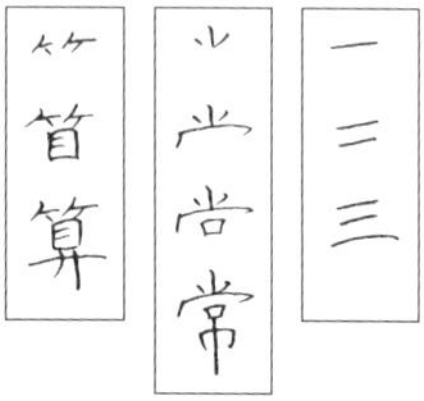

⑵　左から右へ書いていく

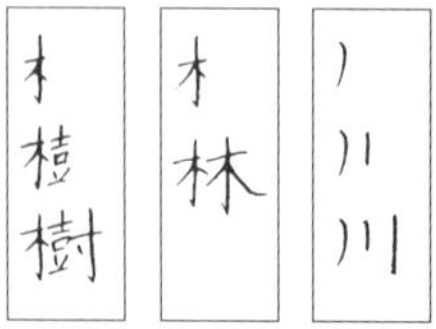

この二つの原則を組み合わせると左図の上のように、左上から書き始めて右下で書き終わるのが、最も基本的で多い筆順となる。

また、この二つの原則を一つの画にあてはめると、前図の下のように、ペンや毛筆で書ける方向と、書けない方向とがあって、×印の方向に書く画はない。

なお、二つの大きな原則のほかに、原則らしいものを掲げれば、次のとおりである。

十

(イ)横画がはっきりと長い字（**十**・**早**など）では横が先であり、(ロ)この十の部分から書き始める字（**土**・**封**など）でも横が先であるが、(ハ)上の部分から続いている字（**王**・**至**など）では縦が先である。

(イ)

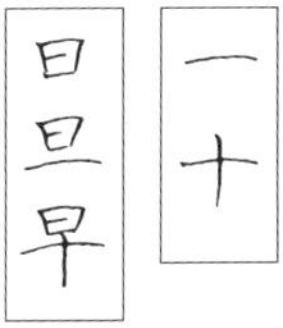

(ロ)

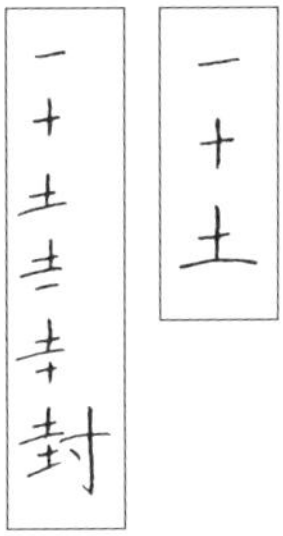

(ハ)

乂

斜めの画が乂状に交差する字（**父**・**文**など）ではノが先である。

「

横画の左端で縦画と接している字（**長**・**臣**など）ではどちらでもよいが、一般には縦先が多い。

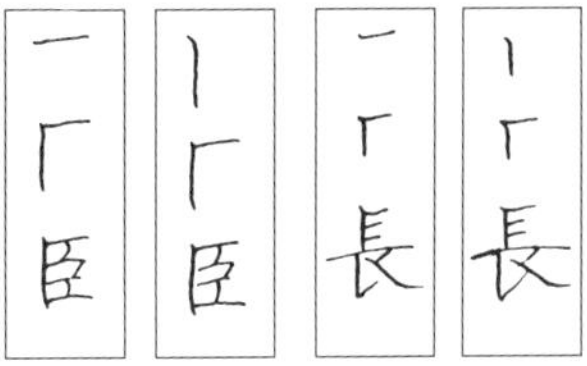

厂

厂の横画をつきぬける字（**成**・**皮**など）では丿が先であり、つきぬけない字（**圧**・**歴**など）では横画が先である。

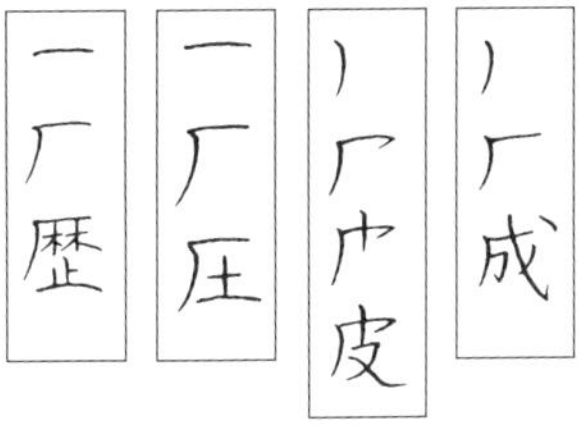

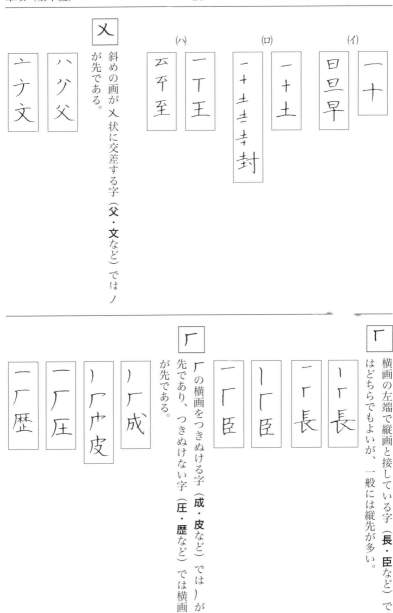

まず中心を決めてしまうと形がとりやすい字（**小**・**水**など）は中心の縦画を書いてから左右を書く。

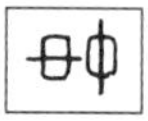

(イ)縦につらぬく字（**申**・**事**など）は、つらぬく縦画を最後に書く。(ロ)横につらぬく字（**母**・**冊**など）は、つらぬく横画を最後に書く。

(イ)

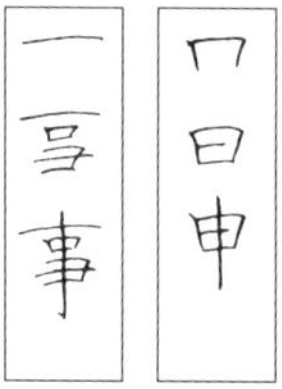

(ロ)

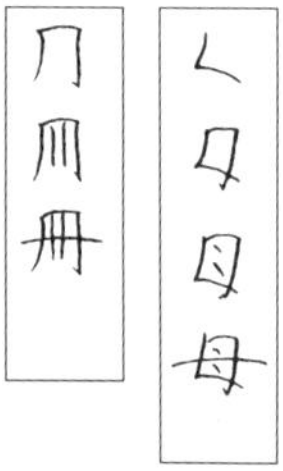

以上の分には、『筆順指導の手びき』に述べてあることに著者が少し追加している。あの手びきの原則の解説は、当時、著者が原案を書いたのであるが、もう一つ説明の足りなかったことがある。

それは、漢字がつくられる場合、前述の大きな原則や原則らしいものが初めにあって、それにあわせて楷書の筆順がきまっていったのではないということである。

一つの漢字に二つ以上の筆順があり、その中から一つを選ぶ場合、やはりルールを用意しておいて、それにあてはめて選ぶのがよろしい。

しかし、この場合、異なる原則にあてはめて一つをとりあげるのにむずかしい場合がある。たとえば、**書**の字の場合、二つの筆順があるが、上から下への大きな原則をあわせると**a**の筆順となり、昔から書いてきた筆順**b**は、つらぬく縦画は最後にという原則にあてはまる。手びきは大原則の方にあてはめて**a**の筆順をとりあげている。

a　b

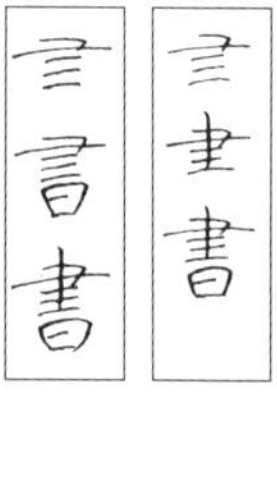

また、前述の原則にあてはまらない筆順がある。たとえば**無**の字である。この字は昔からほとんど**b**の筆順で書かれてきた。しかし、**b**の筆順にはあてはめる原則がなく、**a**の筆順だと大原則の(1)にあてはまる。そのために、手びきは**a**の筆順をとりあげている。

a　b

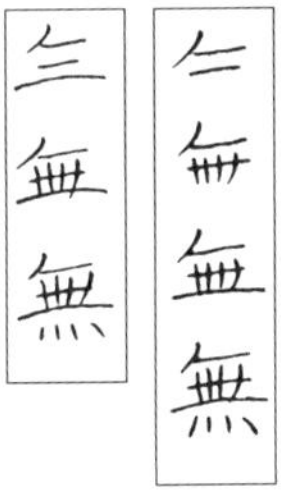

なお、手びきでは、**至**・**屋**などの字の筆順を、**a**でなくて**b**をとりあげているが、これなどは原則にあてはめても、また行書の筆順とのつながりを考えても**a**の方が適当のように思われる。

a　b

a　b

(二) 漢字構成の基本となる部分の筆順

漢字のへん・つくりやかんむりなど、漢字を構成している基本となる部分をぬき出して、その筆順を示す。

筆順が二つ以上ある字の該当部分について、小学校で教える筆順の方には＊の印がついている。

なお、ここでいう部首とは、漢字の部首とは別のものである。

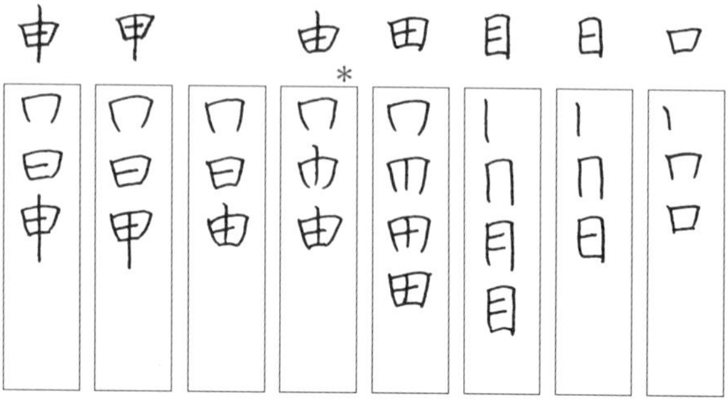

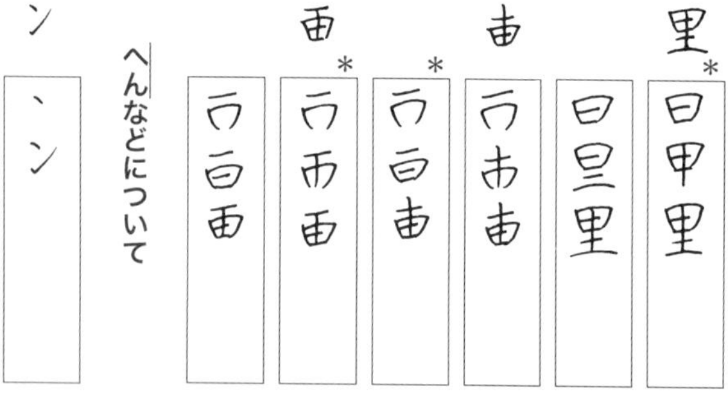

へんなどについて

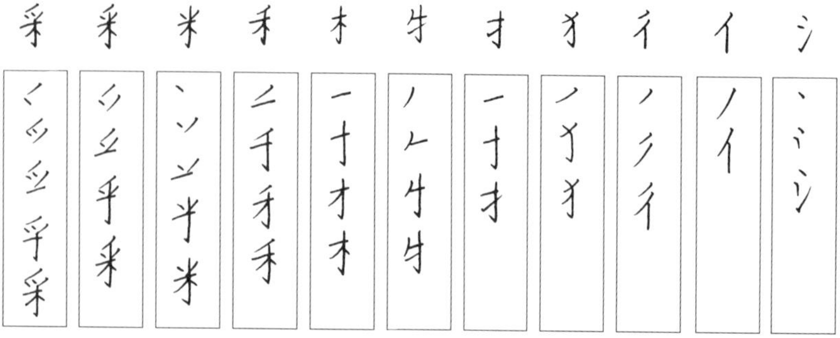

〈備考〉

冫 にすい
氵 さんずい
亻 にんべん
彳 ぎょうにんべん
犭 けものへん
扌 てへん
牜 うしへん
木 きへん
禾 のぎへん
米 こめへん
釆 のごめへん
釆 （名称なし）
口・日 ＝昭など
目 ＝自見など
田 ＝町番など
由 ＝油など
里 ＝野理など
由 ＝専恵など
西 ＝画など

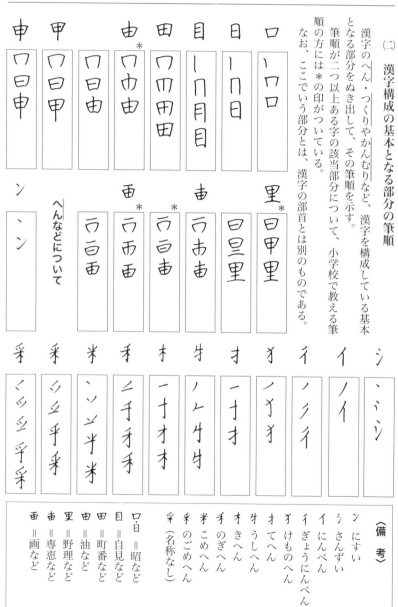

ネ　しめすへん
衤　ころもへん
⻊　あしへん
糸　いとへん
丬（名称なし）
爿　しょうへん
忄　りっしんべん
阝　こざとへん
片　かたへん
耳　みみへん
冖　わかんむり
宀　うかんむり
艹　くさかんむり
⺮　たけかんむり
癶　はつがしら
厂　がんだれ
广　まだれ
疒　やまいだれ
尸　しかばね
戸　とかんむり
（以上二つもたれ）
尸⺈（名称なし）

かまえなどについて

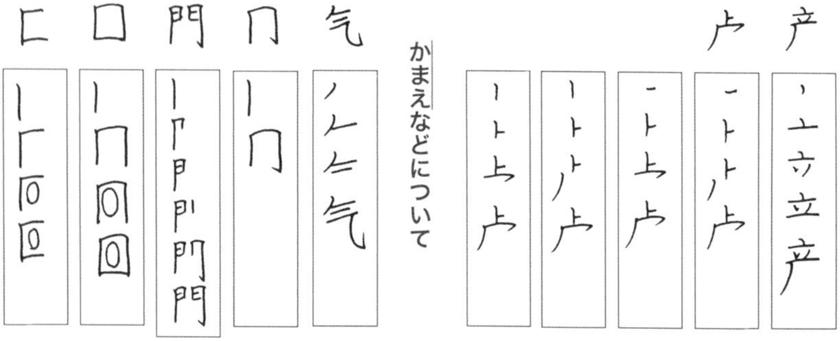

にょうなどについて

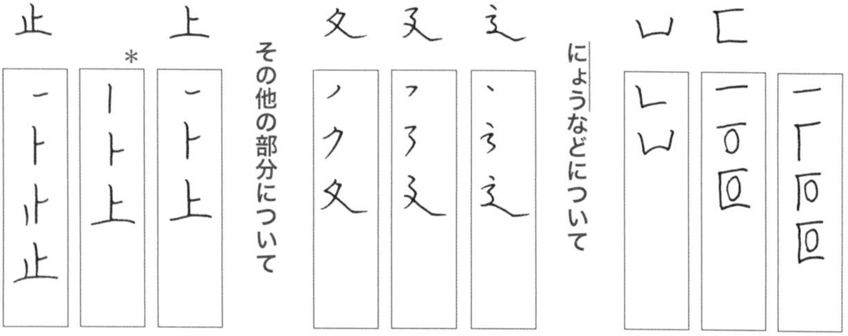

その他の部分について

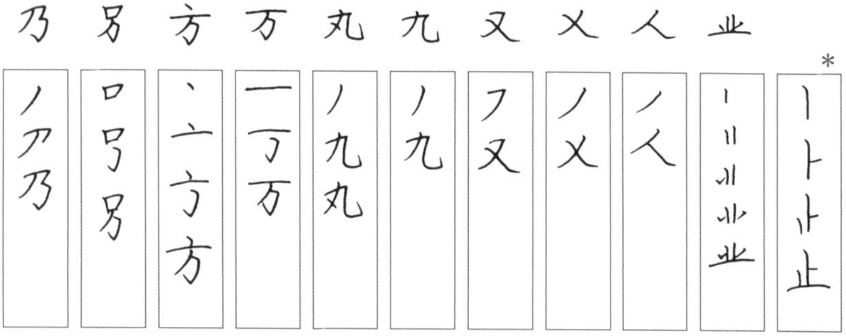

产（名称なし）
户（名称なし）
虍は、とらがしら
气きがまえ
門もんがまえ
口くにがまえ
匚はこがまえ
凵かんにょう
辶しんにょう
廴けんにょう
またはえんにょう
夂ちにょう
乂＝父文交など
又＝役経など
九＝雑粋など
丸＝熱勢など
另＝別など
乃＝秀など

龶＝青契など
龷＝寒講など
𦍌＝差着など
美＝養など
ク＝久など
タ＝名多など
タ＝祭際など
卬＝迎仰など
卯＝柳など
𠨎＝留貿など
卌＝帯など
世＝葉など
可＝何歌奇など
氏＝紙など
隹＝進集など

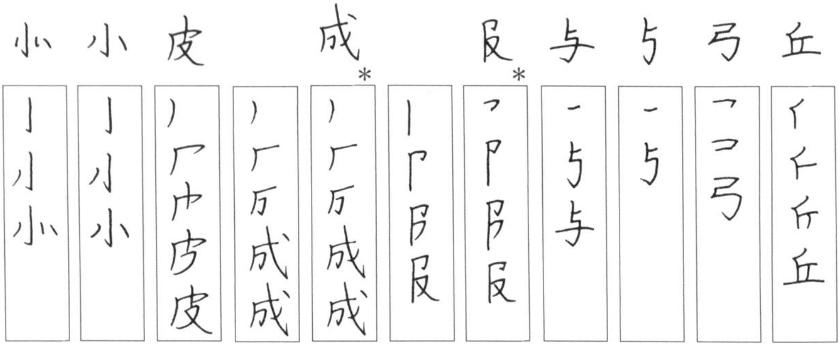

⺗ したごころ
氺 したみず
丘＝兵浜など
丂＝考など
与＝写など
𠬝＝服報など
⺗＝恭添など
氺＝泰様など
母＝毎海毒など
戈＝織職など
𡗗＝奉泰など
夬＝快決など
欠＝次歌など

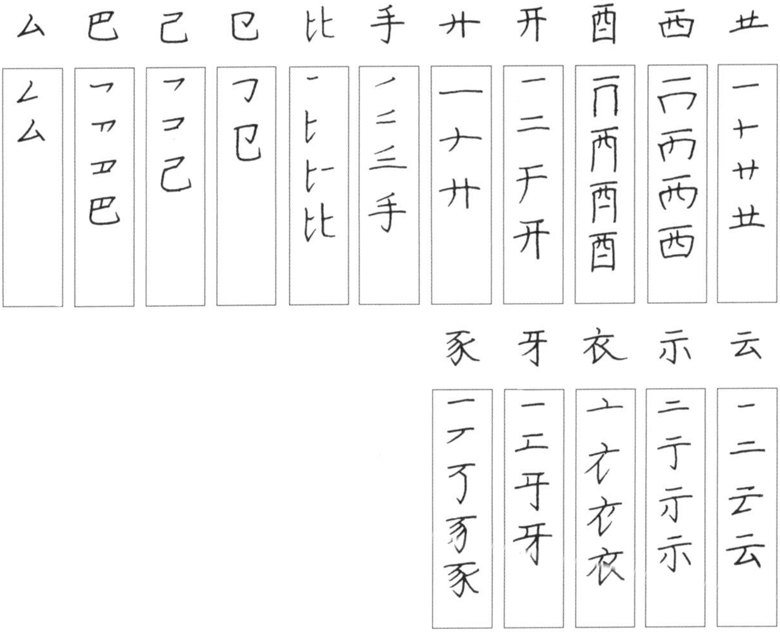

龷　＝共恭など
酉　＝酒配など
开　＝研形など
廾　＝算弊など
㔾　＝犯危など
巴　＝色など
厶　＝公私など
云　＝芸雲など
示　＝祭禁など
牙　＝芽雅など
「常用漢字表」では、「牙」は四画。
豕　＝家豚など

㈢　まちがいやすい筆順の一覧

可方女や**犯**など＊印のついている筆順は一つしかなく、また、一字の部分としてよく出てくる、基本的な筆順である。

昇飛など※印のついている筆順は、よくまちがえる筆順で、特に注意が必要である。

発粛など◎印のついている筆順は、一つの字に沢山の筆順があるので注意が必要である。

卵には◎印がついている。これは小学校で習う字であるが、昭和三十三年発行の『筆順指導の手びき』にはない。

差や**善**の箇所の、△印の筆順は、常用漢字の字体として許容の範囲をこえた形である。

①＊

（**河何荷歌**なども同じ。）

②＊

③＊

（**放旅芳**なども同じ。）

④

⑤

（**葉**も同じ。）

⑥＊

（**安案宴姿始姉**なども同じ。）

⑦
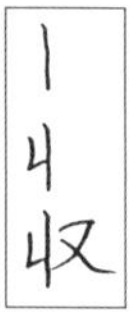

⑧
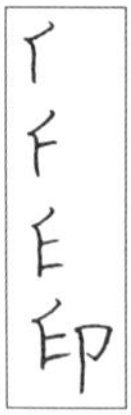

⑨

（**版**も同じ。）

⑩

（**似**も同じ。）

⑪※

⑫※

⑬◎

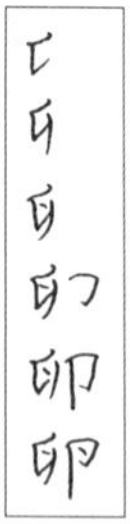

⑭

（**杏杯**なども同じ。）

⑮＊

（**狩猛**なども同じ。）

⑯

（秘密泌なども同じ。）

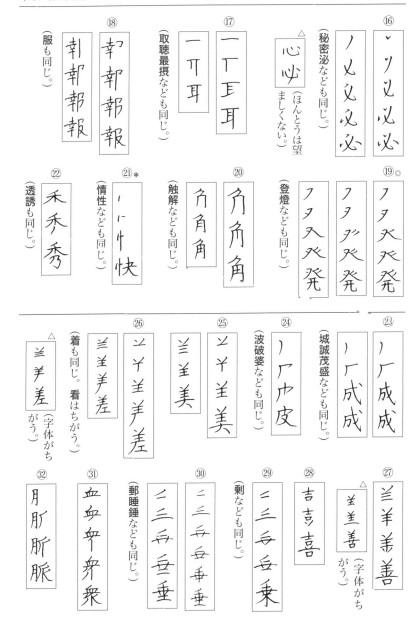

△

（ほんとうは望ましくない。）

⑰
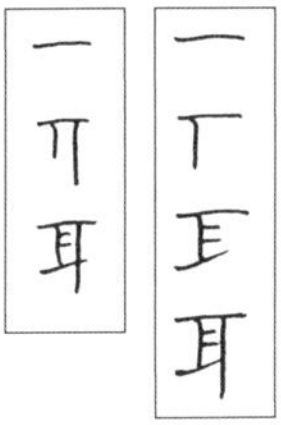
（取聴最摂なども同じ。）

⑱
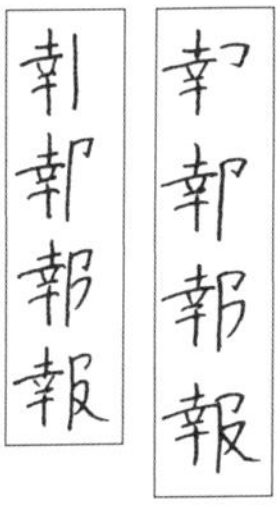
（服も同じ。）

⑲◎

（登燈なども同じ。）

⑳

（触解なども同じ。）

㉑＊

（情性なども同じ。）

㉒

（透誘も同じ。）

㉓

（城誠茂盛なども同じ。）

㉔

（波破婆なども同じ。）

㉕

㉖

（着も同じ。看はちがう。）

△

（字体がちがう。）

㉗

△

（字体がちがう。）

㉘

㉙
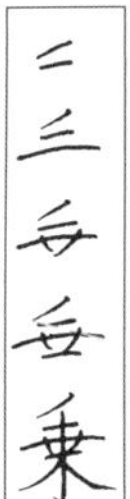
（剰なども同じ。）

㉚

（郵睡錘なども同じ。）

㉛

㉜

㉝
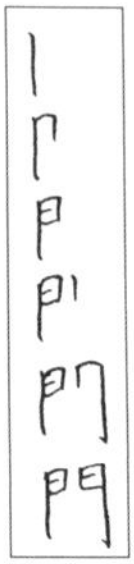
（問間関なども同じ。）

㉞
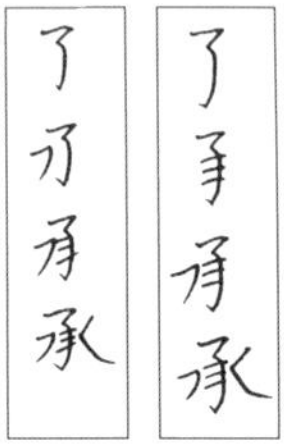

㉟

㊱＊

（男思町なども同じ。）

㊲
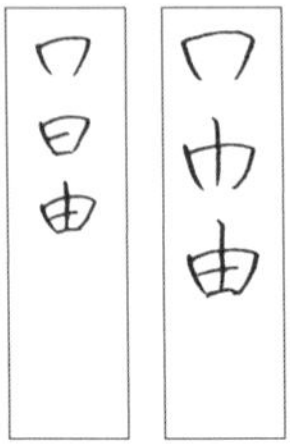
（油笛なども同じ。）

㊳
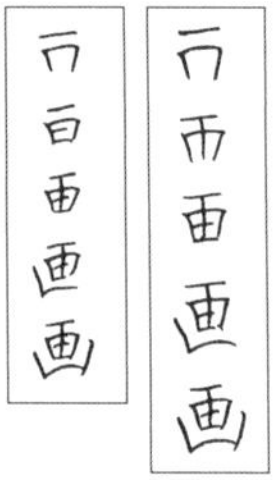

㊴◎
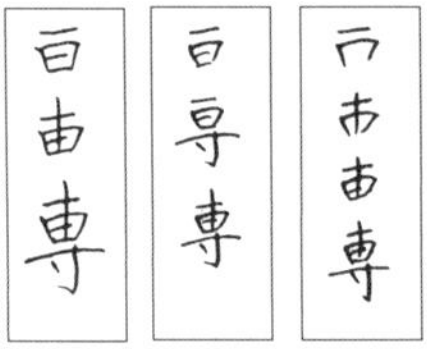

㊵

（構講なども同じ。）

㊶

（構講なども同じ。）

㊷
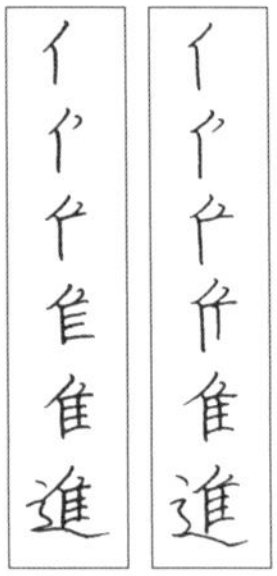
（集唯雄雑なども同じ。）

㊸

（鶴も同じ。）

㊹◎
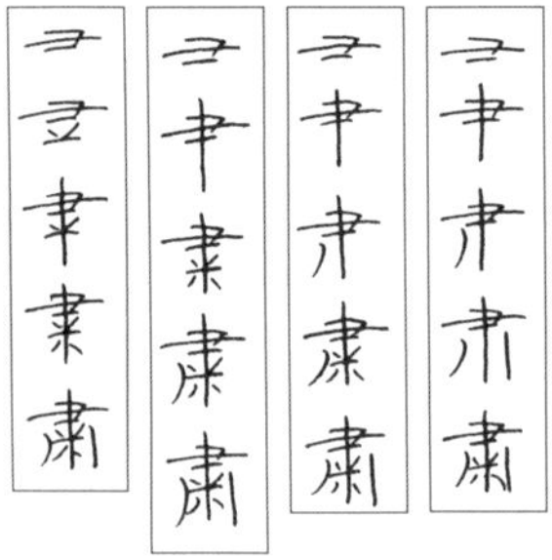

㊺

（扉所なども同じ。）

㊻
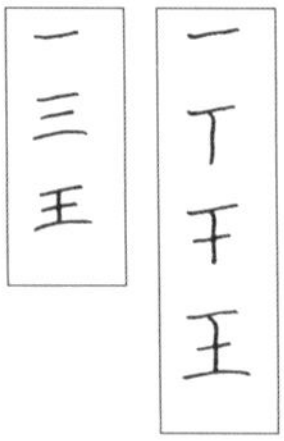
（主程望美なども同じ。）

㊼

（致到屋なども同じ。）

㊽
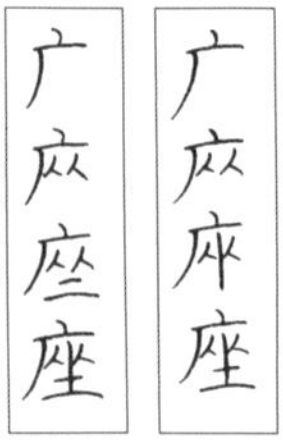

㊾

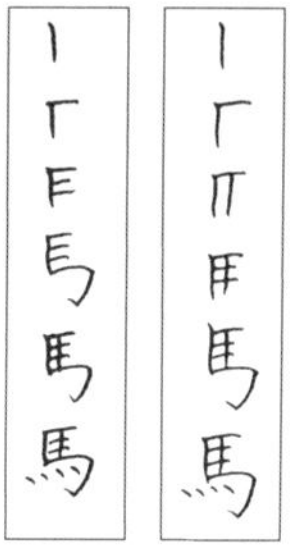

（**駅驚**なども同じ。）

㊿

（**桃**なども同じ。）

51

（**排悲**なども同じ。）

52

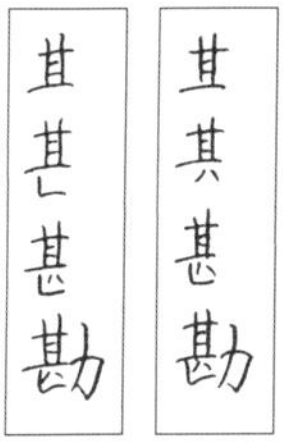

53

54

（**区**も同じ。）

55

56

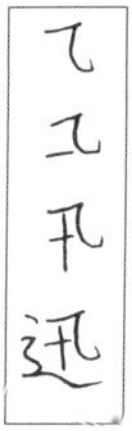

57

58

59

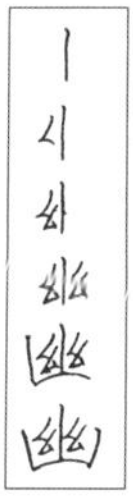

60

61

（ノが短く、一が長い。）

62

（一が短く、ノが長い。）

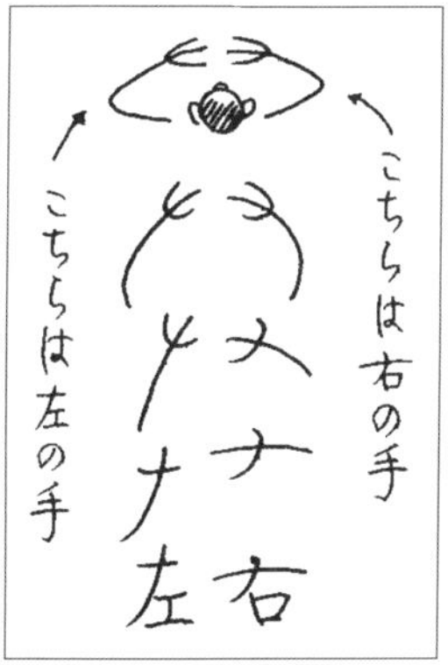

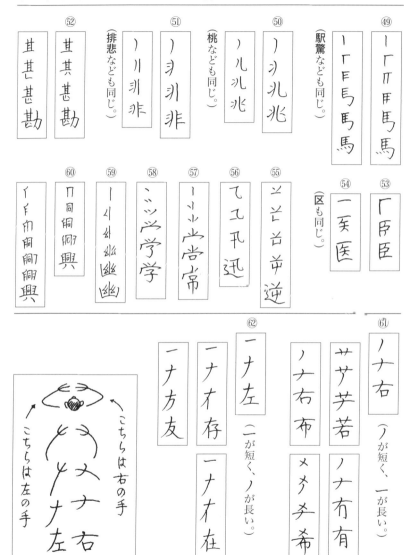

二　一般編

この表には、常用漢字二一三六字、よく使われる人名用漢字・旧字体の漢字五四一字、計二七一七字の筆順を収録した。（本表では書き文字としての旧字体を示した。209ページ「活字だけでの旧字体の筆順」参照。）

この表の使い方

(1) 配列は代表的な音（または訓）によって五十音順とし、同音の場合は画数順に並べた。旧字体は画数に関係なく、新字体のすぐ後に示した。（読み方のわからない場合は、巻末の「画数引き漢字索引」を参照。）

(2) 人は人名用漢字、旧は旧字体であることを示す。また、旧字体は……で囲んで示した。

(3) 活字と書き文字とは、その形が必ずしも一致しないことがある。本表では昔から書きならわされてきた形を示した。

- しんにょうは、⻌になっている字でも、昔から書かれてきた⻍の形で、しめすへんは、⺬になっている字でも、昔から書かれてきた礻の形で示した。（209ページ「活字だけでの旧字体の筆順」参照。）
- いとへんは、活字の形の糹でなく、書き文字として一般の形糹で示した。（学習漢字には糹の形の筆順も示した。）

なお、毛筆と硬筆とでは、とめやはらいについて多少の違いがある場合もある。

(4) 学習漢字についてはできるだけ標準の形（教科書体）にのっとりながらも美しい形の字を示した。そのため、標準の形と異なる場合は、見出し文字の欄にやや小さく教科書体の活字を示し、その下に違いを↙でわかるようにしてある。書く場合はどちらでもよいことになっている。（221ページ「許容される字形一覧」参照。）

(5) 本表では筆順が二通り以上あるものは、もっとも一般的な筆順を先に示し、また『筆順指導の手びき』による筆順には＊印を付した。（なお、いわゆる備考漢字の卵などの筆順はこの手びきに収録されていないので、手びきにある原則に準じて示した。）

(6) 次の例のような場合、本表ではスペースの関係でⓐとⓓしか掲げていないが、組み合わせたⓑⓒの筆順もある。

(7) ①…⑥の数字は、学習漢字の配当学年（小学校の何年で習う漢字か）で、①は一年、②は二年…を示す。

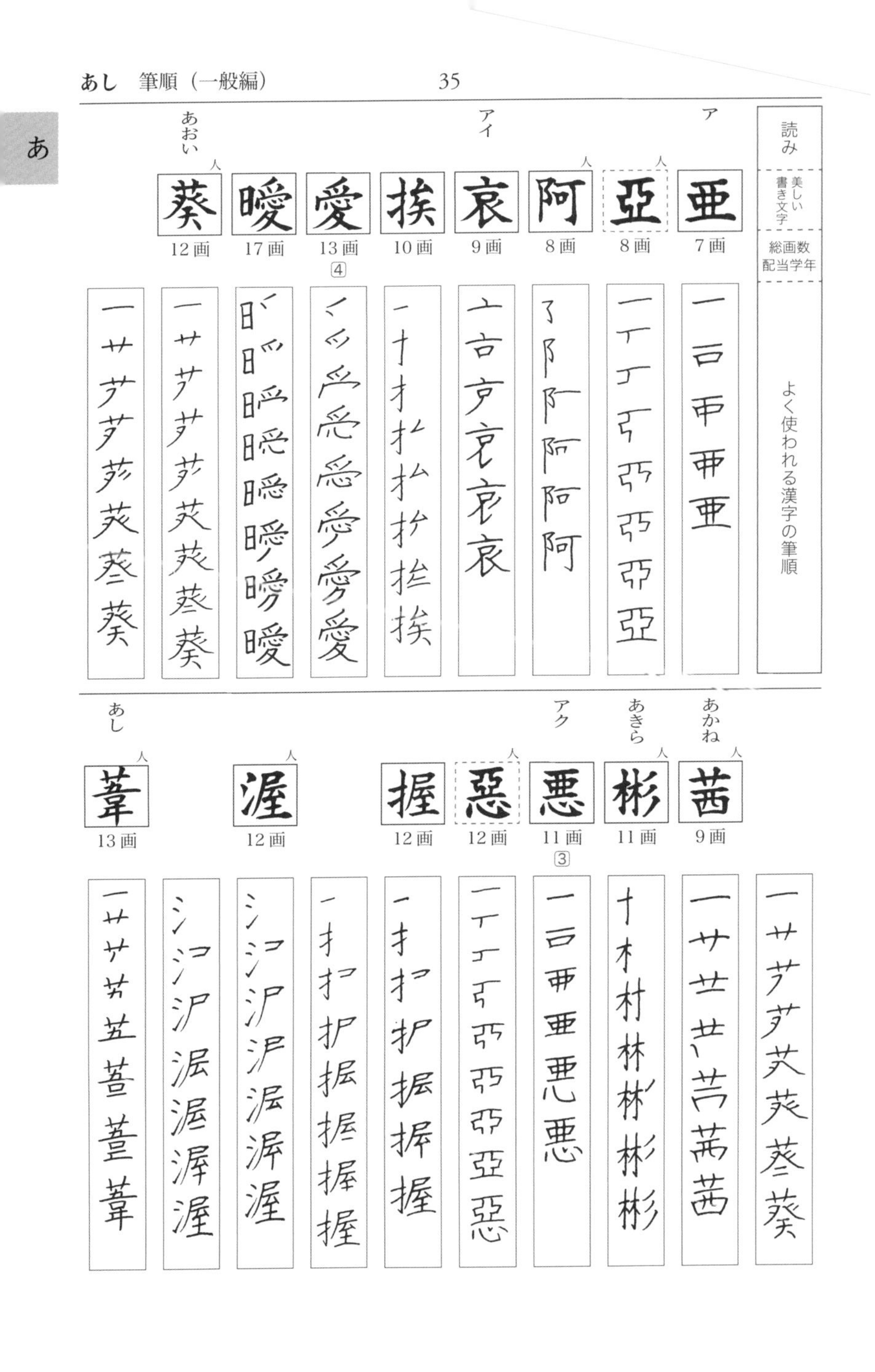

読み
美しい文字
総画数
配当学年
よく使われる漢字の筆順

亜《ア》　7画

亞　人　8画

阿　人　8画

哀《アイ》　9画

挨　10画

愛　13画　④

曖　17画

葵《あおい》　人　12画

茜《あかね》　人　9画

彬《あきら》　人　11画

悪《アク》　11画　③

惡　人　12画

握　12画

渥　人　12画

葦《あし》　人　13画

アツ
圧 5画 ⑤

壓 旧 17画

斡 人 14画

あつかう
扱 6画

あてる
宛 8画

あゆ
鮎 人 16画

あらし
嵐 12画

あるいは
或 人 8画

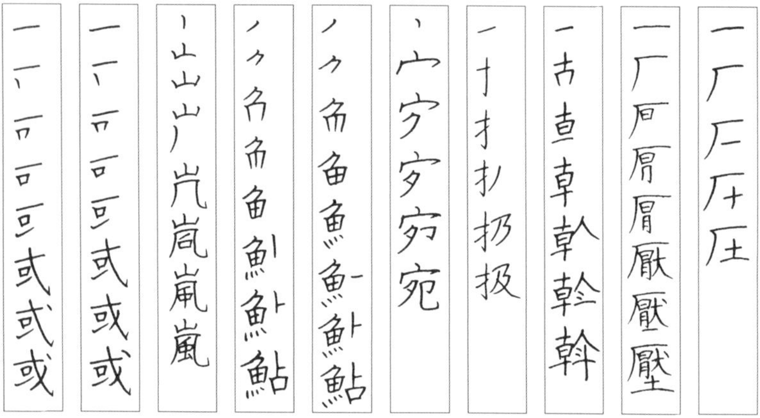

あわ
粟 人 12画

アン
安 6画 ③

按 人 9画

案 10画 ④

案

下が小学校教科書の活字の形。一般では上の形でも書く。

庵 人 11画

暗 13画 ③

鞍 人 15画

イ
以 5画 ④

伊 人 6画

い

イ

夷	衣	位	囲	圍	医	醫	依	委
人				旧		旧		
6画	6画	7画	7画	13画	7画	18画	8画	8画
	④	④	⑤		③			③

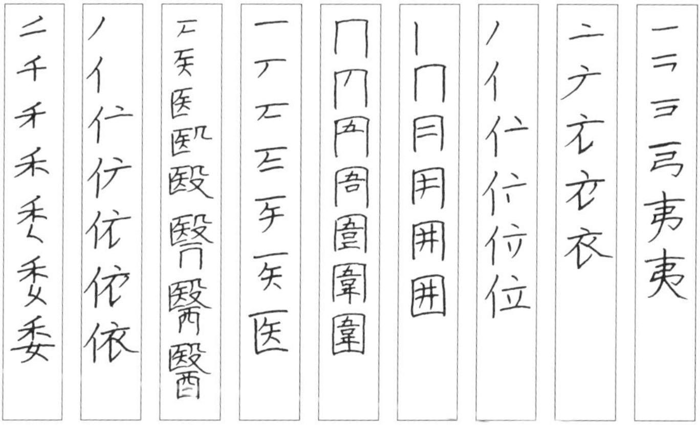

委

小学校教科書の活字でははらっている。一般ではとめてもよい。

威		為	爲	畏	胃	尉	異	移
			人					
9画		9画	12画	9画	9画	11画	11画	11画
					⑥		⑥	⑤

移

小学校教科書の活字でははとめている。一般でははねてもよい。

萎《イ》 11画
一 艹 䒑 茉 萎 萎 萎

偉 12画
亻 亻 伫 侜 倍 偉 偉 偉

椅 12画
一 十 木 朩 杢 椅 椅

彙 13画
彑 彑 彑 畠 畠 彙 彙 彙

「常用漢字表」では、手書きの場合「彙」の形で書いてもよいと明示されている。242ページ「剝」参照。

意 13画 ③
亠 立 立 音 音 意 意

違 13画
ノ 力 五 吾 韋 韋 違 違

維 14画
く 幺 幺 糸 糸 紒 紒 維 維

く 幺 幺 糸 糸 紒 維 維

慰 15画
コ 尸 尸 尸 尉 尉 尉 慰

遺 15画 ⑥*
口 中 虫 貴 貴 貴 遺 遺

口 中 虫 貴 貴 貴 遺 遺

緯 16画
く 幺 糸 糸 紒 紒 緯 緯

亥《い》 6画 人
亠 亠 亥 亥 亥

域《イキ》 11画 ⑥*
一 土 圹 垣 垣 域 域 域

一 土 圹 垣 垣 域 域 域

育《イク》 8画 ③
亠 亠 云 育 育

郁 9画 人
ノ ナ 冇 有 有 郁 郁

磯《いそ》 17画 人
丆 石 石 砬 磯 磯 磯 磯

丆 石 石 砬 磯 磯 磯 磯

い

一《イチ》 1画 ①

壱 7画

壱

下が小学校教科書の活字の形。一般では上の形でも書く。

壹 旧 12画

逸《イツ》 11画

茨《いばら》 9画 ④

芋《いも》 6画

允《イン》 人 4画

引 4画 ②

印 6画 ④

因 6画 ⑤

因

小学校教科書の活字でははらっている。一般ではとめてもよい。

咽 9画

姻 9画

胤 人 9画

員 10画 ③

院 10画 ③

淫 11画

「常用漢字表」では「淫」の形で示されているが、手書きの場合は「淫」と書いてもよいと明示されている。242ページを参照。

陰 11画

ウ

イン

飲　12画　③

隠　14画

隱（旧）　17画

韻　19画

ウ

右　5画　①

宇　6画　⑥

羽　6画　②

羽

下が小学校教科書の活字の形。一般では上の形でも書く。

迂（人）　6画

雨　8画　①

う

卯（人）　5画

鵜（人）　18画

うかがう

窺（人）　16画

うし

丑（人）　4画

うた

唄　10画

ウツ

鬱　29画

うね

畝　10画

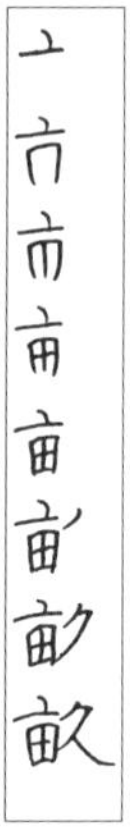

うら

浦　10画

うるう

閏（人）　12画

エ

字	画数	学年
運	12画	3
ウン 雲	12画	2
エイ 永	5画	5
曳（人）	6画	
泳	8画	3
英	8画	4
映	9画	6
栄	9画	4

栄

小学校教科書の活字ではとめている。一般でははねてもよい。

字	画数	学年
榮（人）	14画	
営	12画	5
瑛（人）	12画	
詠	12画	
影	15画	
鋭	15画	
衛	16画	5
衞（人）	16画	
エキ 易	8画	5

（營も同じ）

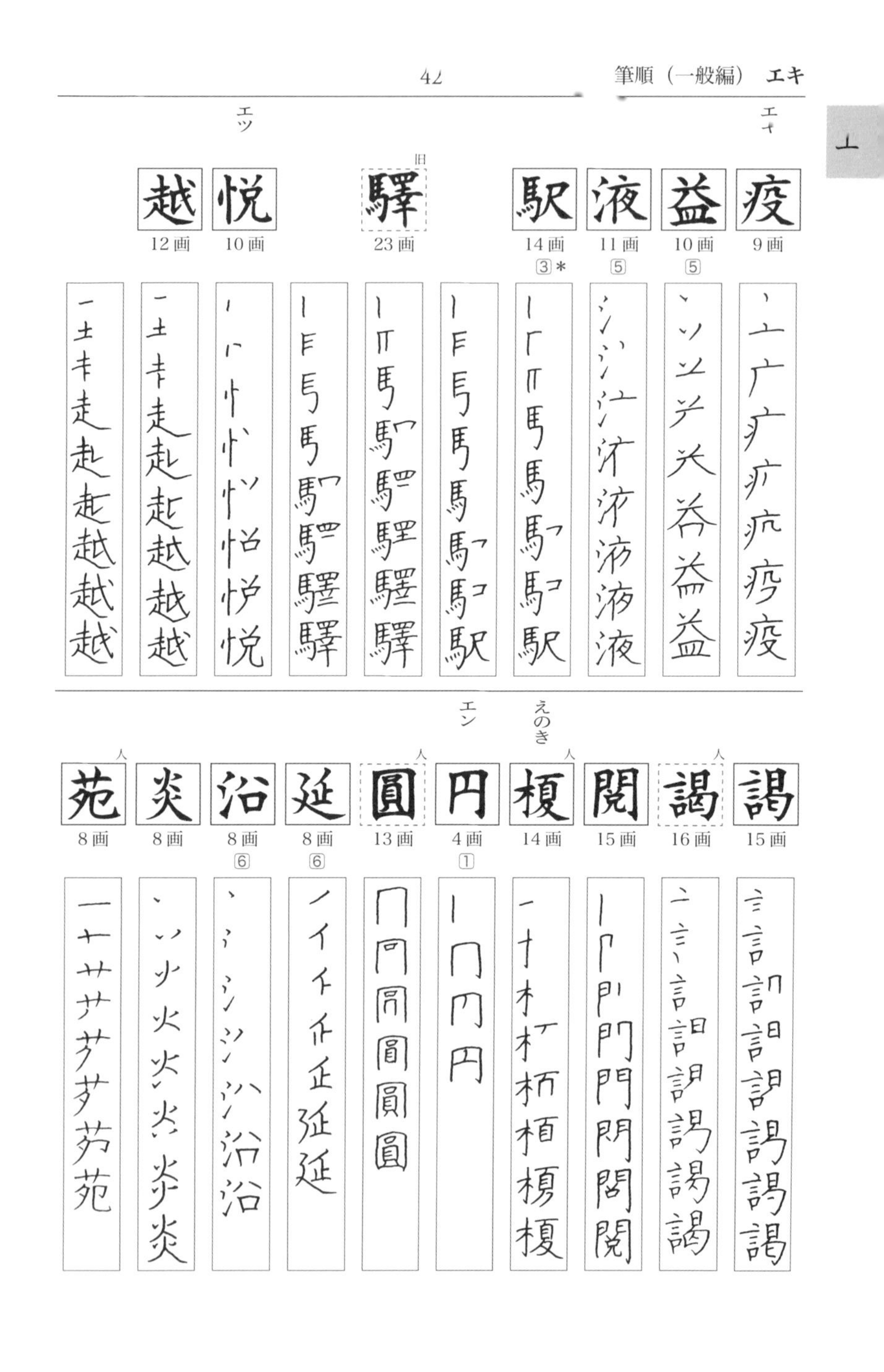

疫《エキ》	益	液	駅	驛（旧）	悦《エツ》	越
9画	10画 ⑤	11画 ⑤	14画 ③＊	23画	10画	12画

謁	謁（人）	閲	榎《えのき》（人）	円《エン》	圓（人）	延	沿	炎	苑（人）
15画	16画	15画	14画	4画 ①	13画	8画 ⑥	8画 ⑥	8画	8画

え

エン

字	画数	備考
怨	9画	
宴	10画	
堰	12画	人
媛	12画	④
援	12画	
淵	12画	人
園	13画	②
煙	13画	
猿	13画	

字	画数	備考
遠	13画	②
鉛	13画	
塩	13画	④
鹽	25画	旧
演	14画	⑤＊
縁	15画	
燕	16画	人
艶	19画	

オ
汚 6画

人
於 8画

おい
人
甥 12画

オウ
王 4画 1*

凹 5画

央 5画 3

応 7画 5

人
應 17画

往 8画 5*

押 8画

旺 8画

欧 8画

旧
歐 15画

殴 8画

お

オウ

桜　10画　⑤

櫻　人　21画

翁　10画

奥　12画

奧　人　13画

横　15画　③＊

横

小学校教科書の活字ではとめている。一般でははねてもよい。

鴎　人　22画

おか

岡　8画　④

おぎ

荻　人　10画

オク

屋　9画　③

＊

億　15画　④

憶　16画

臆　17画

おす

牡　人　7画

おそれ

虞　13画

オツ

乙　1画

俺《おれ》 10画

卸《おろす》 9画

音《オン》 9画 ①

恩 10画 ⑥

温 12画 ③

穏 16画

下《カ》 3画 ①

化 4画 ③

火 4画 ①

加 5画 ④

可 5画 ⑤

仮 6画 ⑤

假（旧） 11画

瓜（人） 6画

何 7画 ②

花 7画 ①

佳 8画

価 8画 ⑤

價（人） 15画

果 8画 ④

カ

果

小学校教科書の活字ではとめている。一般でははねてもよい。

河　8画　⑤

苛　8画

科　9画　②

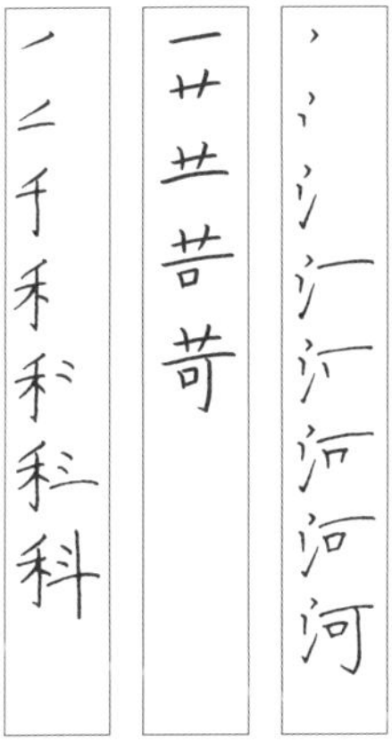

科

小学校教科書の活字ではとめている。一般でははねてもよい。

架　9画

夏　10画　②

家　10画　②

荷　10画　③

華　10画

菓　11画

貨　11画　④

渦　12画

過　12画　⑤

嫁　13画

暇　13画

禍　13画

靴　13画

嘉（人）　14画

寡　14画

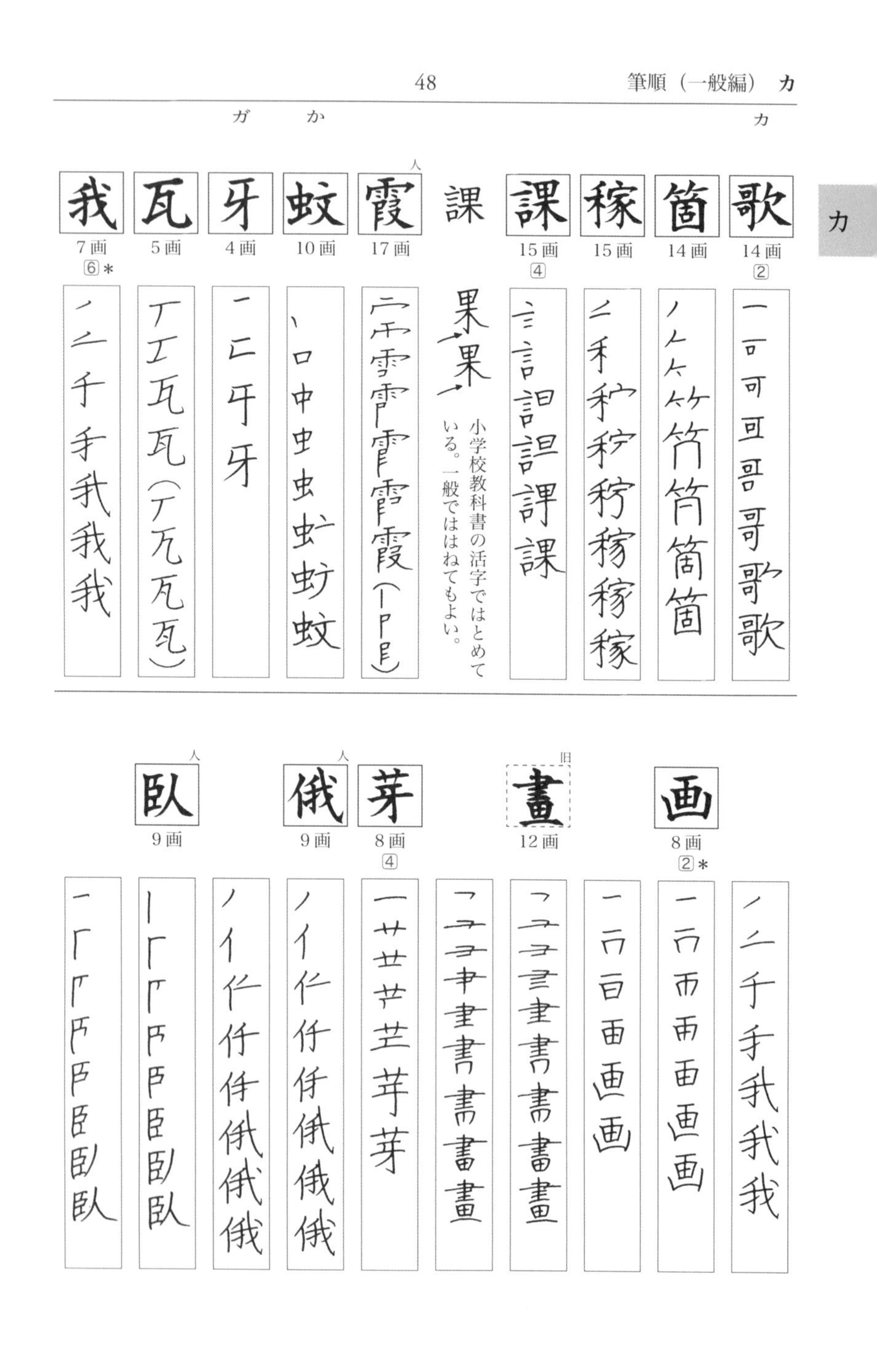

カ

歌《カ》　14画　②

箇　14画

稼　15画

課　15画　④

課　小学校教科書の活字ではとめている。一般でははねてもよい。

霞（人）　17画

蚊《か》　10画

牙《ガ》　4画

瓦　5画

我　7画　⑥＊

画　8画　②＊

畫（旧）　12画

芽　8画　④

俄（人）　9画

臥（人）　9画

か

ガ

賀 12画 ④

雅 13画

餓 15画

カイ

介 4画

回 6画 ②

灰 6画 ⑥

会 6画 ②

旧 會 12画

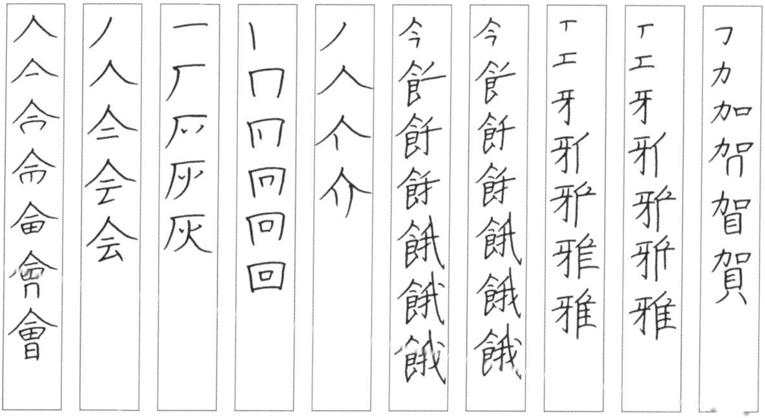

活字では「會」の形で示されるが、手書きの場合は「會」と書くことが多い。

快 7画 ⑤

戒 7画

改 7画 ④

改

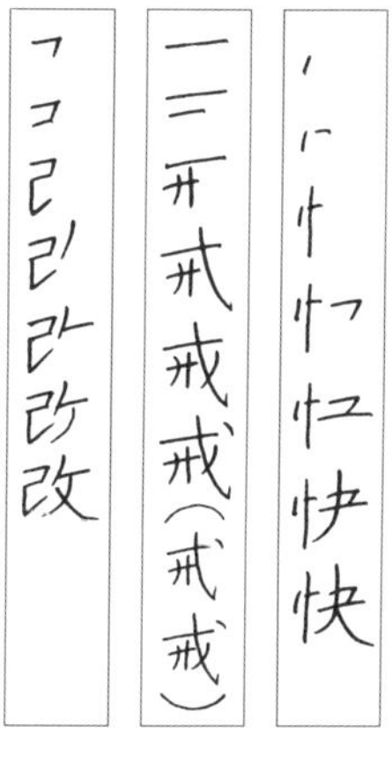

小学校教科書の活字はまんなかの形。一般ではどれでもよい。

人 芥 7画

怪 8画

拐 8画

悔 9画

人 悔 10画

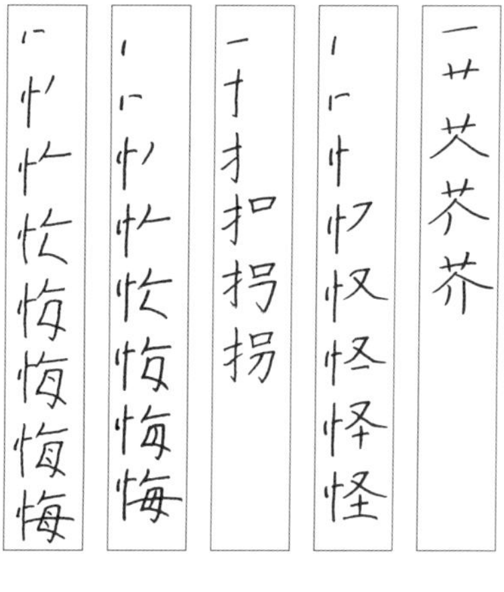

カイ

海　9画　②

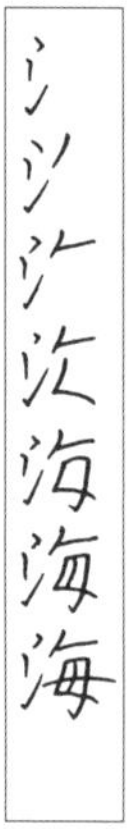

（人）**海**　10画

界　9画　③

皆　9画

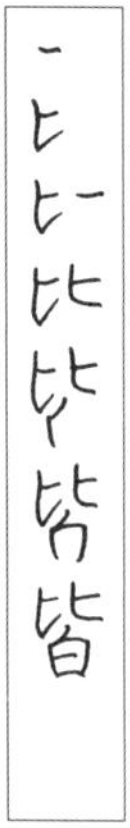

械　11画　④＊

械

小学校教科書の活字ではとめている。一般でははねてもよい。

絵　12画　②

絵

下が小学校教科書の活字の形。一般では上の形でも書く。

＊

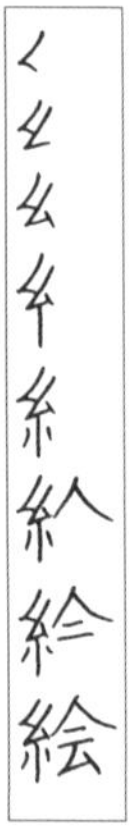

（旧）**繪**　18画

活字では「繪」の形で示されるが、手書きの場合は「繪」の形で書くことが多い。

開　12画　③

階　12画　③

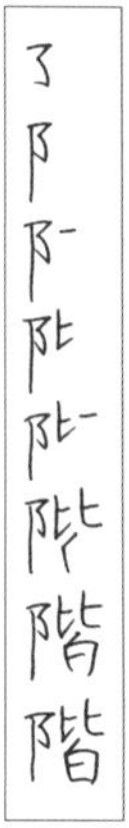

階

下が小学校教科書の活字の形。一般では上の形でも書く。

塊　13画

楷　13画

解　13画　⑤＊

潰　15画

カイ

- 壊《カイ》　16画
- 壞（人）　19画
- 懐　16画
- 懷（人）　19画
- 諧　16画
- 貝《かい》　7画　①
- 外《ガイ》　5画　②
- 外
- 劾　8画
- 害　10画　④＊

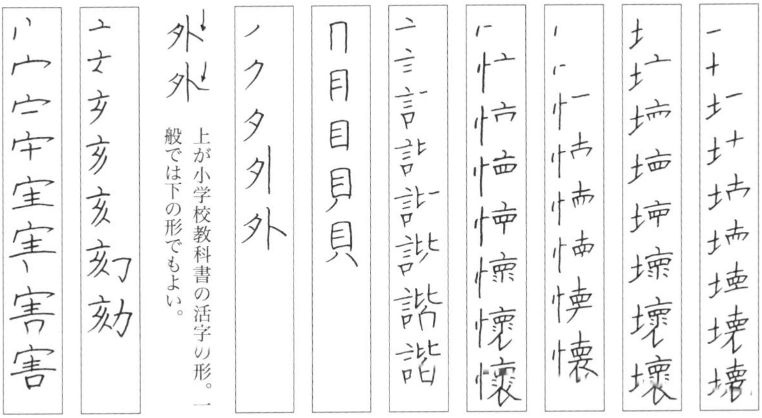

上が小学校教科書の活字の形。一般では下の形でもよい。

- 崖　11画
- 涯　11画
- 街　12画　④
- 慨　13画
- 蓋　13画
- 該　13画
- 概　14画
- 骸　16画
- 楓《かえで》（人）　13画

カ

- 馨《かおる》（人）　20画　士 𡈼 声 声 殸 殸 殸 磬 馨
- 垣《かき》　9画　一 十 土 圵 圻 垣 垣
- 柿　9画　一 十 木 杧 柿 柿
- 各《カク》　6画　④　ノ ク 夂 各 各 各
- 角　7画　②＊　ノ ク ク 角 角 角 角
- 角　ノ ク ク 角 角 角
- 拡　8画　⑥　一 十 扌 扩 扩 拡 拡
- 擴（旧）　17画　十 扌 扩 扩 擴 擴 擴 擴
- 擴　十 扌 扩 扩 擴 擴 擴 擴
- 革　9画　⑥　一 廿 廿 芦 苫 革

- 格　10画　⑤　十 木 木 杉 枚 柊 格 格
- 格　朩 朩　小学校教科書の活字ではとめている。一般でははねてもよい。
- 核　10画　十 木 杧 杧 核 核 核
- 殻　11画　一 十 士 声 声 壳 殼 殼
- 郭　11画　亠 古 亨 亨 亨 享 郭 郭
- 覚　12画　④　丶 丷 ⺍ 学 学 覚 覚 覚
- 覺（旧）　20画　ノ メ 爻 爻 𦥑 𦥑 覺 覺
- 覺　ノ メ 爻 爻 𦥑 𦥑 覺 覺
- 較　13画　一 亘 車 軒 軒 較 較
- 隔　13画　了 阝 阝 阝 隔 隔 隔

閣《カク》 14画 ⑥

確 15画 ⑤＊

獲 16画

嚇 17画

穫 18画

学《ガク》 8画 ①

學（旧） 16画

岳 8画

嶽（旧） 17画

楽 13画 ②

楽

下が小学校教科書の活字の形。一般では上の形でも書く。

樂（人） 15画

額 18画 ⑤

顎 18画

掛《かける》 11画

樫《かし》（人） 16画

十 木 朩 朩 朾 栢 概 槪

潟《かた》 15画 ④

氵 氵 氵 氵 氵 洕 潟 潟

氵 氵 氵 氵 氵 洕 潟 潟

括《カツ》 9画

一 扌 扌 扌 扦 扦 括 括

活 9画 ②

氵 氵 氵 氵 汘 汘 活 活

喝 11画

口 叩 叩 叩 叩 喝 喝 喝

喝（旧） 12画

口 口口 喝 喝（渇・褐も同じ）

渇 11画

氵 氵 氵 氵 沪 渇 渇 渇

割 12画 ⑥＊

丶 宀 宀 宇 宝 害 害 割

丶 宀 宣 宝 害 害 割

葛 12画

一 廾 节 苗 葛 葛 葛

「常用漢字表」では、手書きの場合「葛」の形で書いてもよいと明示されている。242ページを参照。

滑 13画

氵 氵 氵 氵 氵 滑（冂 冎 咼）

褐 13画

ラ 礻 衤 衤 衵 褐 褐

轄 17画

亘 車 軒 軒 軒 轄 轄

亘 車 軒 軒 軒 轄 轄

且《かつ》 5画

丨 冂 月 且

樺《かば》 人 14画

十 木 朩 栍 栍 樺 樺 樺

鞄《かばん》 人 14画

一 廾 甘 苩 革 革 靪 鞄

株《かぶ》 10画 ⑥

一 十 木 朩 朩 杵 株 株

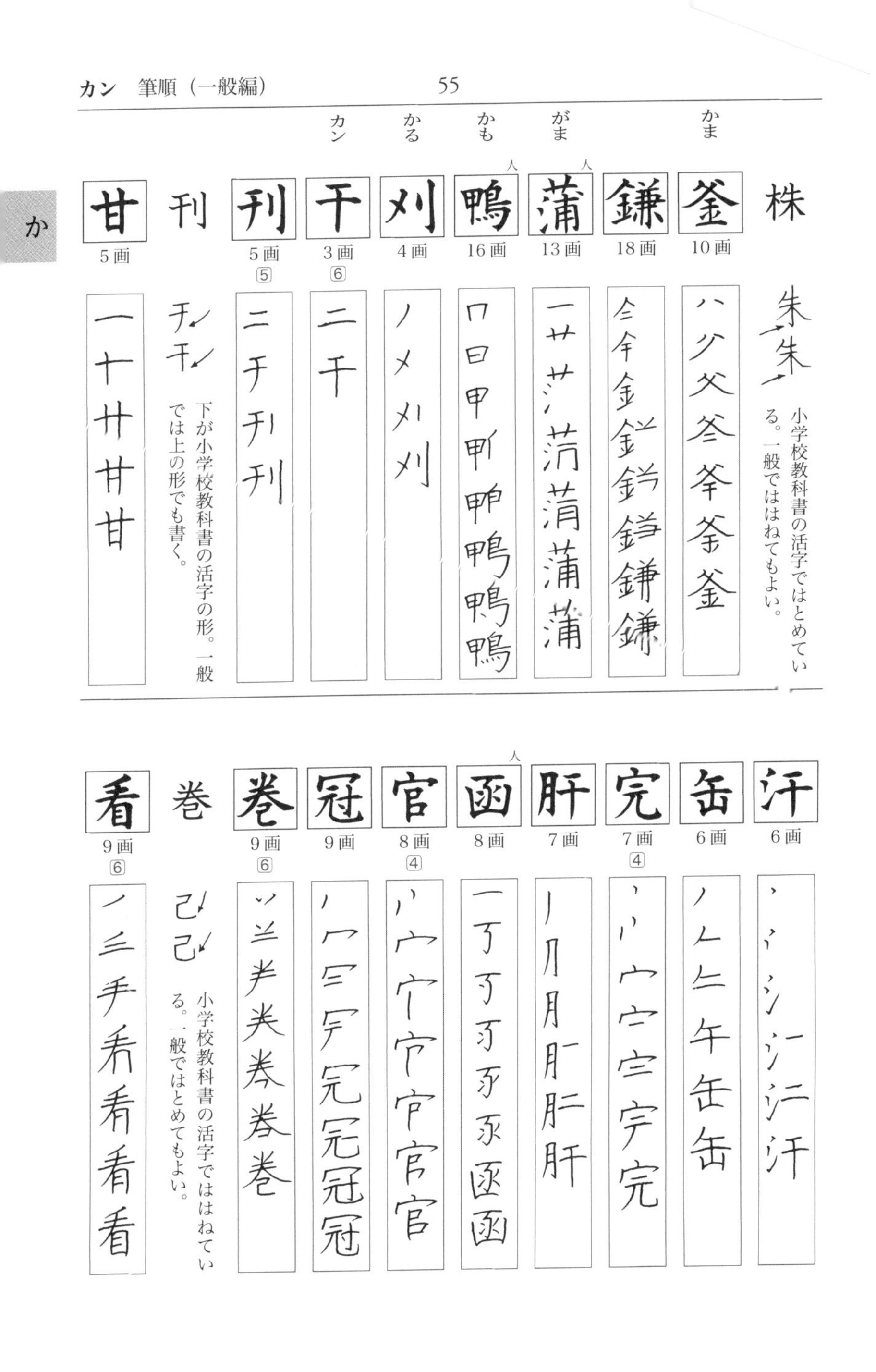

株
小学校教科書の活字ではとめている。一般でははねてもよい。

釜《かま》　10画

鎌　18画

蒲《がま》　人　13画

鴨《かも》　人　16画

刈《かる》　4画

干《カン》　3画　⑥

刊　5画　⑤

刊
下が小学校教科書の活字の形。一般では上の形でも書く。

甘　5画

汗　6画

缶　6画

完　7画　④

肝　7画

函　人　8画

官　8画　④

冠　9画

巻　9画　⑥

巻
小学校教科書の活字でははねている。一般ではとめてもよい。

看　9画　⑥

カン

竿（人） 9画
陥 10画
陷（人） 11画
乾 11画
勘 11画
患 11画
菅（人） 11画
貫 11画

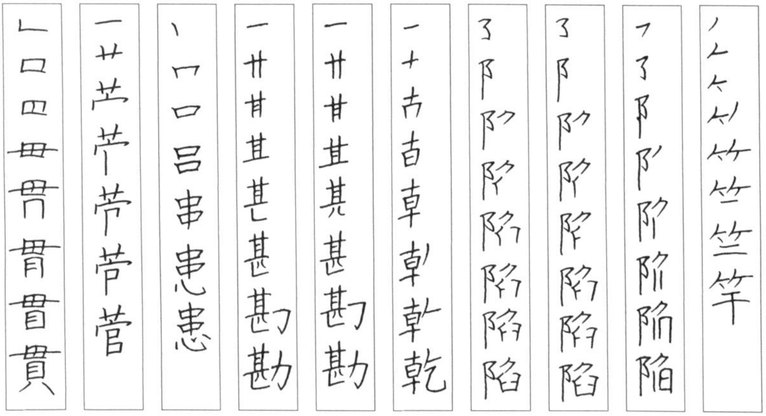

寒 12画 ③＊
喚 12画
堪 12画
換 12画
敢 12画
棺 12画
款 12画

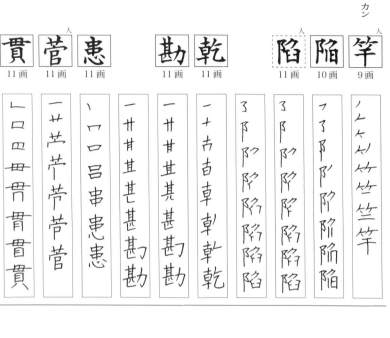

カン

間 12画 ②

閑 12画

勧 13画

勸（旧） 20画

寛 13画

幹 13画 ⑤

感 13画 ③

漢 13画 ③

漢（人） 14画

慣 14画 ⑤

管 14画 ④

関 14画 ④

關（旧） 19画

歓 15画

*

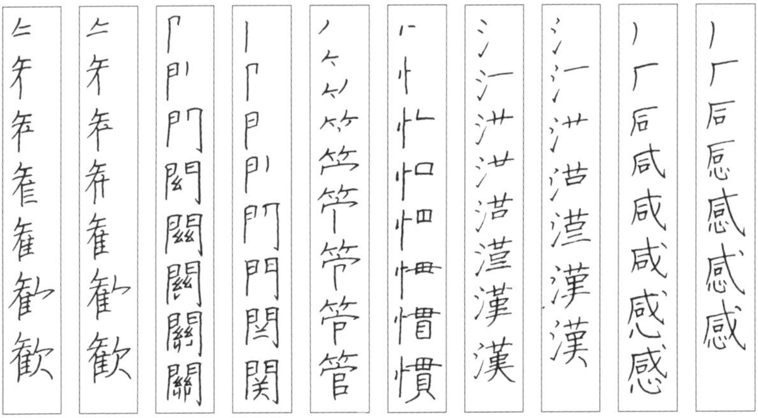

カン

監　15画

緩　15画

憾　16画

還　16画

館　16画　③

環　17画

簡　18画　⑥

観　18画　④*

韓　18画

艦　21画

鑑　23画

ガン

丸　3画　②

含　7画

き

ガン

岸　8画　③

岩　8画　②

玩　8画

眼　11画　⑤

雁　人　12画

頑　13画

顔　18画　②

願　19画　④

キ

巌　人　20画

巖　人　23画

企　6画

伎　6画

危　6画　⑥

机　6画　⑥

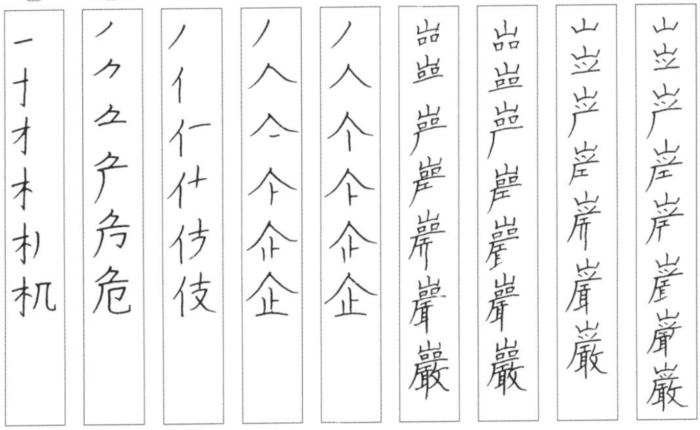

机

小学校教科書の活字ではとめている。一般でははねてもよい。

キ

気 6画 ①

氣 10画 人

岐 7画 ④

希 7画 ④

忌 7画

汽 7画 ②

奇 8画

祈 8画

季 8画 ④

紀 9画 ⑤

紀

下が小学校教科書の活字の形。一般では上の形でも書く。

＊

軌 9画

既 10画

記 10画 ②

起 10画 ③

起

下が小学校教科書の活字の形。一般では上の形でも書く。

飢 10画

鬼 10画

帰 10画 ②

き

キ

歸（旧）18画

基 11画 ⑤

寄 11画 ⑤

規 11画 ⑤

亀 11画

龜（旧）16画

喜 12画 ⑤

幾 12画

揮 12画 ⑥

期 12画 ③

棋 12画

稀（人）12画

貴 12画 ⑥＊

棄 13画

毀 13画

旗 14画 ④

キ

器 15画 ④

嬉 人 15画

譏 15画

毅 人 15画

輝 15画

機 16画 ④＊

機

騎 18画

小学校教科書の活字ではとめている。一般でははねてもよい。

ギ

技 7画 ⑤

宜 8画

偽 11画

僞 人 14画

欺 12画

義 13画 ⑤＊

疑 14画 ⑥

疑

下が小学校教科書の活字の形。一般では上の形でも書く。

き

ギ
儀 15画
戯 15画
戲 人 17画
擬 17画
犠 17画
犧 旧 20画

議 20画 ④＊
キク
菊 11画
キチ
吉 6画
キツ
喫 12画
詰 13画
橘 人 16画
キャク
却 7画

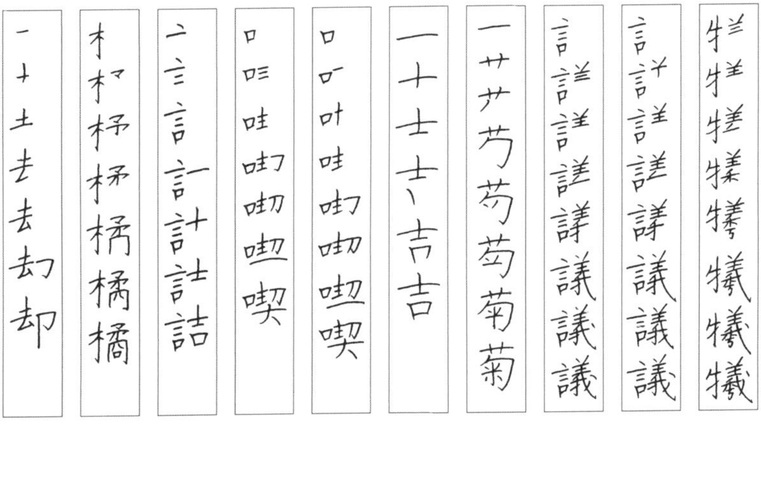

キャク

客 9画 ③

脚 11画

ギャク

逆 9画 ⑤

虐 9画

キュウ

九 2画 ①

久 3画 ⑤

及 3画

弓 3画 ②

丘 5画

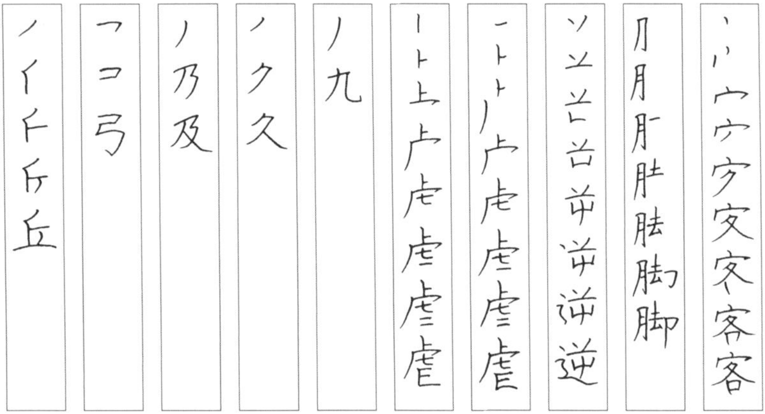

旧 5画 ⑤

舊（旧） 18画

休 6画 ①

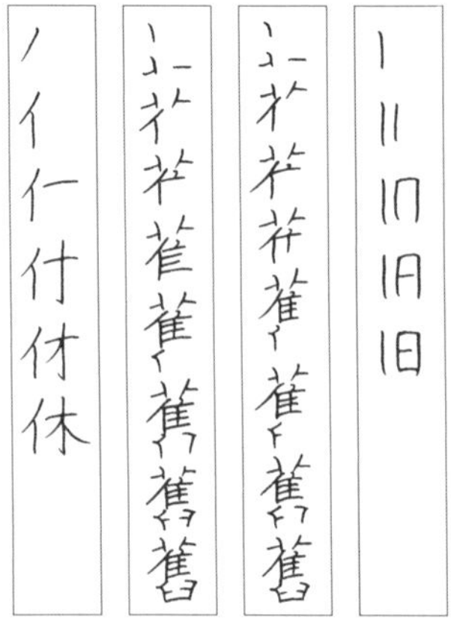

休

小学校教科書の活字ではとめている。一般でははねてもよい。

吸 6画 ⑥

朽 6画

臼 6画

求 7画 ④

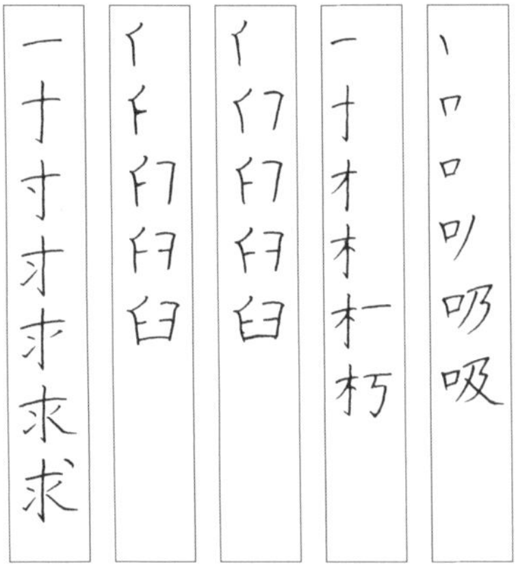

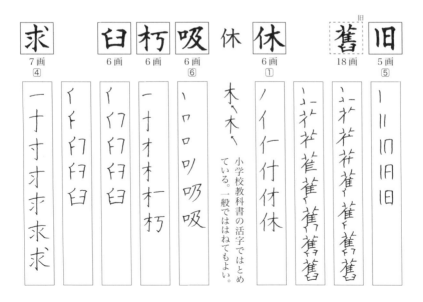

灸《キュウ》 人　7画

究　7画　③

泣　8画　④

急　9画　③

級　9画　③

＊級　下が小学校教科書の活字の形。一般では上の形でも書く。

糾　9画

宮　10画　③

救　11画　⑤

球　11画　③＊

給　12画　④

＊給　下が小学校教科書の活字の形。一般では上の形でも書く。

嗅　13画

「常用漢字表」では、手書きの場合「嗅」の形で書いてもよいと明示されている。242ページを参照。

窮　15画

牛《ギュウ》　4画　②

去《キョ》　5画　③

キョ

巨 5画

居 8画 ⑤

拒 8画

拠 8画

據（旧） 16画

挙 10画 ④

擧（旧） 17画

ギョ

虚 11画

虛（人） 12画

許 11画 ⑤

距 12画

魚 11画 ②

御 12画

漁《ギョ》　14画　④

凶《キョウ》　4画

共　6画　④

匡　人　6画

叫　6画

杏　人　7画

狂　7画

京　8画　②

享　8画

供　8画　⑥

協　8画　④

況　8画

峡　9画

峽　人　10画

挟　9画

挾　旧　10画

狭　9画

狹　人　10画

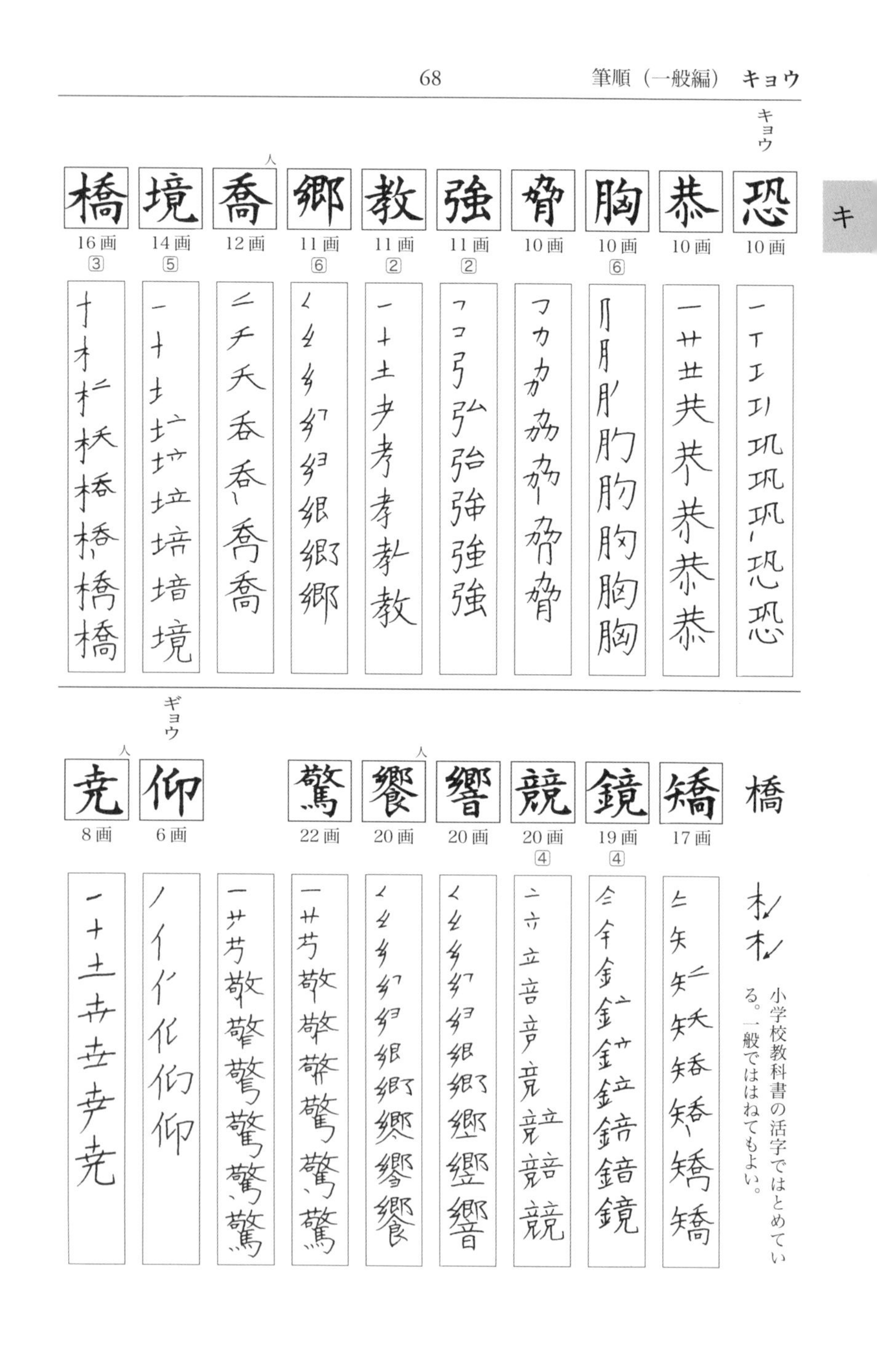

キョウ

漢字	画数	学年
恐	10画	
恭	10画	
胸	10画	⑥
脅	10画	
強	11画	②
教	11画	②
郷	11画	⑥
喬（人）	12画	
境	14画	⑤
橋	16画	③
矯	17画	
鏡	19画	④
競	20画	④
響	20画	
饗（人）	20画	
驚	22画	

橋

小学校教科書の活字ではとめている。一般でははねてもよい。

ギョウ

漢字	画数	学年
仰	6画	
尭（人）	8画	

き

ギョウ

人 **尭** 12画

暁 12画

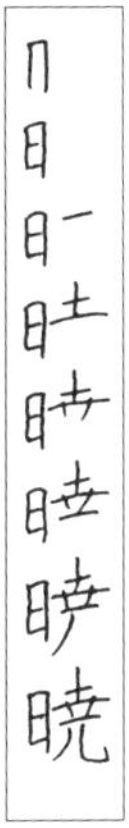

人 **曉** 16画

業 13画 ③

業

下が小学校教科書の活字の形。一般では上の形でも書く。

凝 16画

キョク

人 **旭** 6画

曲 6画 ③＊

局 7画 ③

極 12画 ④

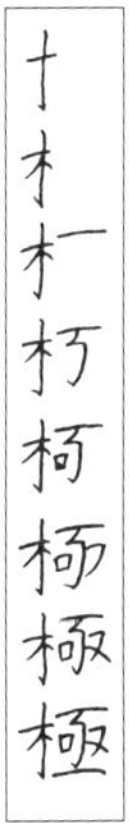

極

小学校教科書の活字ではとめている。一般でははねてもよい。

ギョク

玉 5画 ①＊

キン

巾 3画

斤 4画

均 7画 ⑤

均

上が小学校教科書の活字の形。一般ではどれでもよい。

近 7画 ②

人 **欣** 8画

キン

金　8画　①

衿《人》　9画

菌　11画

勤　12画　⑥＊

勤《人》　13画

琴　12画

筋　12画　⑥

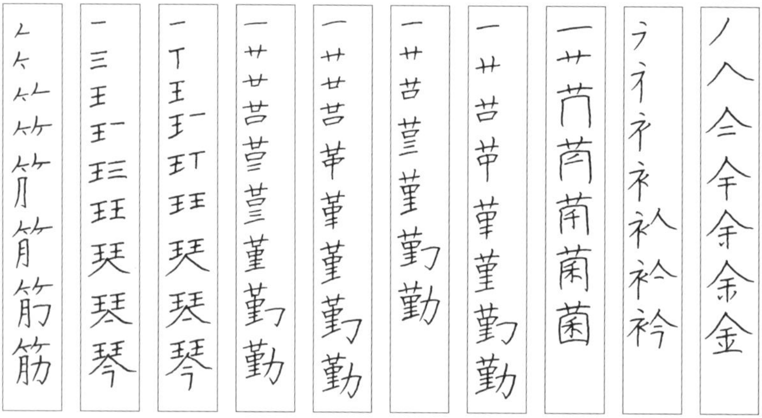

欽《人》　12画

僅　13画

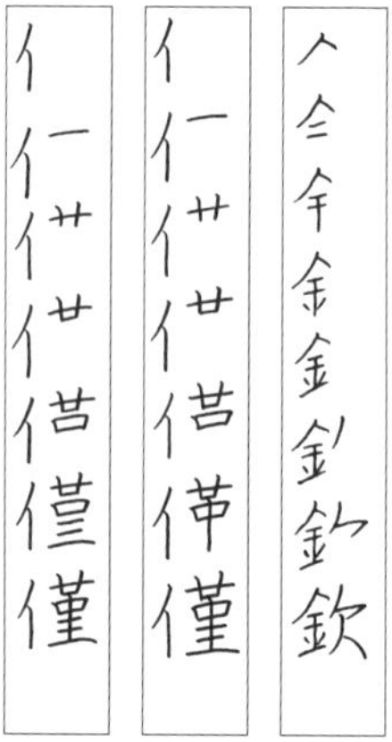

「常用漢字表」では、手書きの場合「僅」の形で書いてもよいと明示されている。242ページを参照。

禁　13画　⑤

禁

下が小学校教科書の活字の形。一般では上の形でも書く。

緊　15画

錦　16画

謹　17画

謹（人）　18画

襟《キン》　18画

吟《ギン》　7画

銀　14画　③

区《ク》　4画　③

區（旧）　11画

句　5画　⑤

苦　8画　③

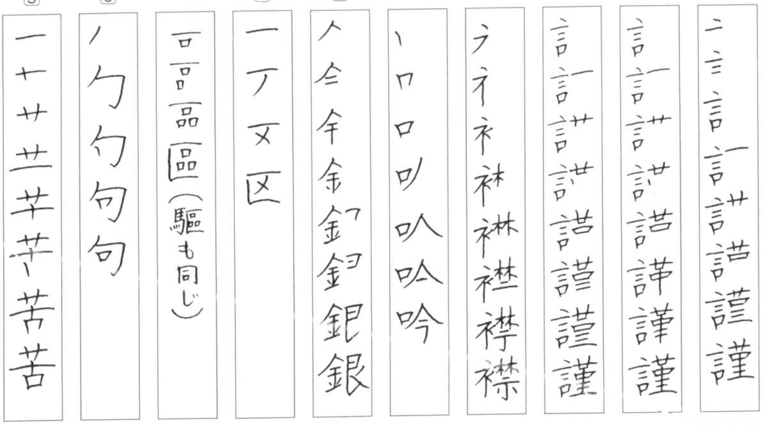

(驅も同じ)

矩（人）　10画

駆　14画

具《グ》　8画　③

惧　11画

「常用漢字表」では、手書きの場合「惧」の形で書いてもよいと明示されている。242ページを参照。

愚　13画

空《クウ》　8画　①

偶《グウ》　11画

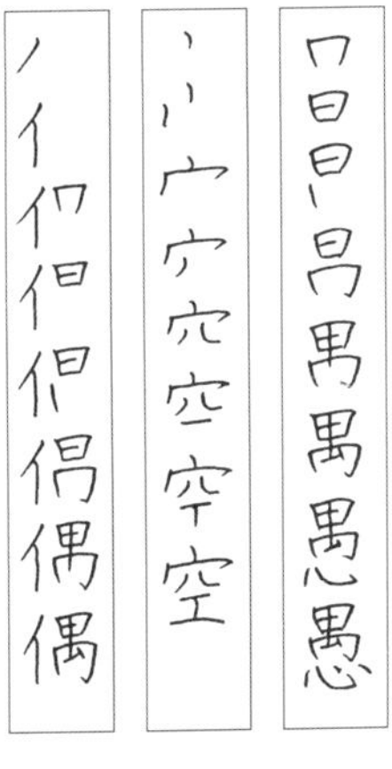

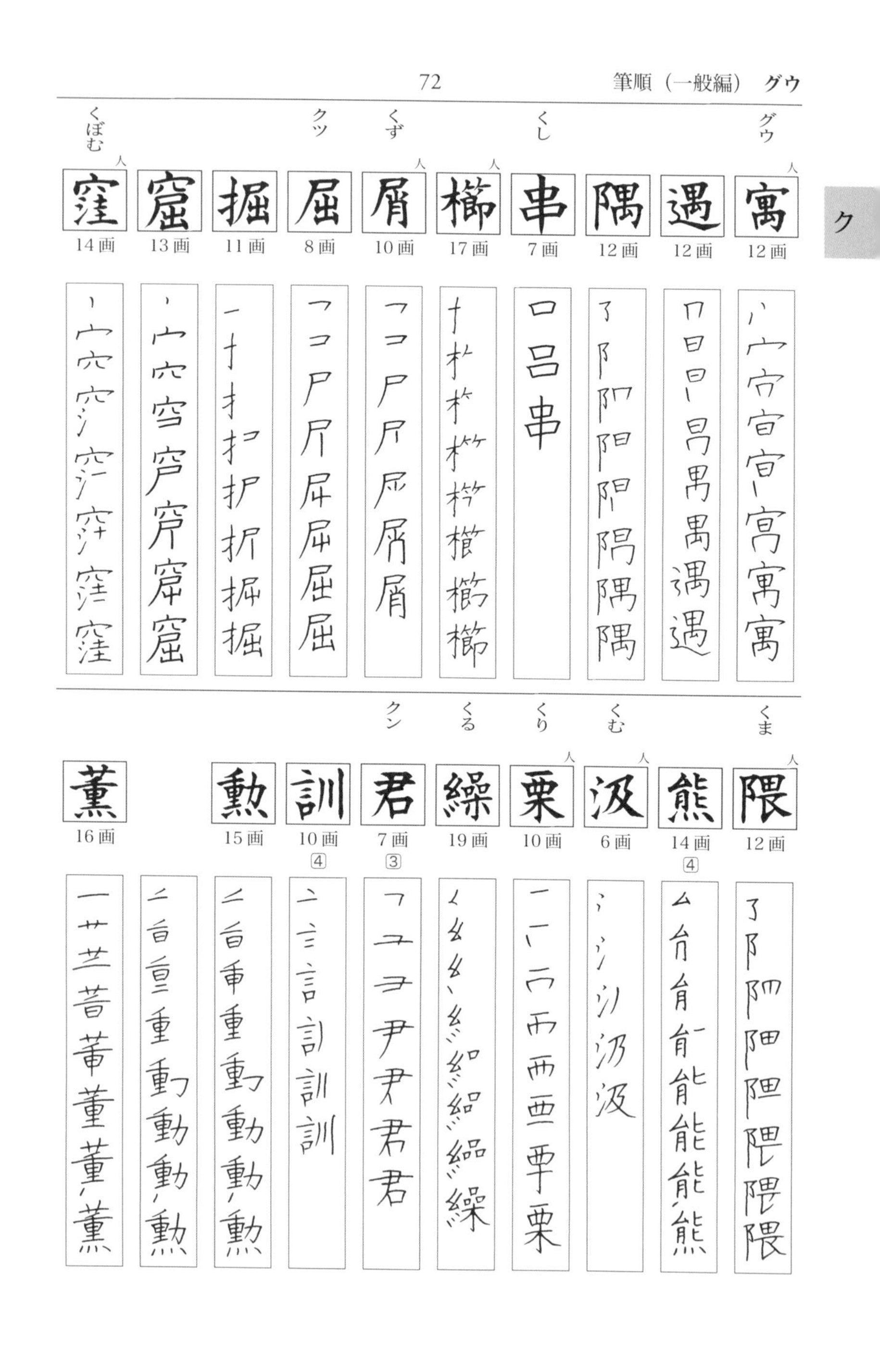

グウ
寓 人 12画

遇 12画

隅 12画

くし
串 7画

櫛 人 17画

くず
屑 人 10画

クツ
屈 8画

掘 11画

窟 13画

くぼむ
窪 人 14画

くま
隈 人 12画

熊 14画 ④

くむ
汲 人 6画

くり
栗 人 10画

くる
繰 19画

クン
君 7画 ③

訓 10画 ④

勲 15画

薫 16画

け

軍《グン》　9画　④

郡　10画　④

群　13画　④

兄《ケイ》　5画　②

刑　6画

圭（人）　6画

形　7画　②

系　7画　⑥

系　小学校教科書の活字はまんなかの形。どれでもよい。

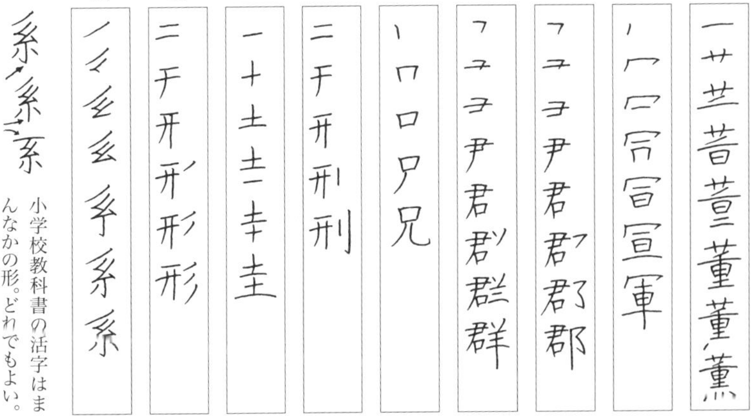

径　8画　④

徑（旧）　10画

茎　8画

莖（旧）　11画

係　9画　③

係　小学校教科書の活字はまんなかの形。どれでもよい。

型　9画　⑤

契　9画

計　9画　②

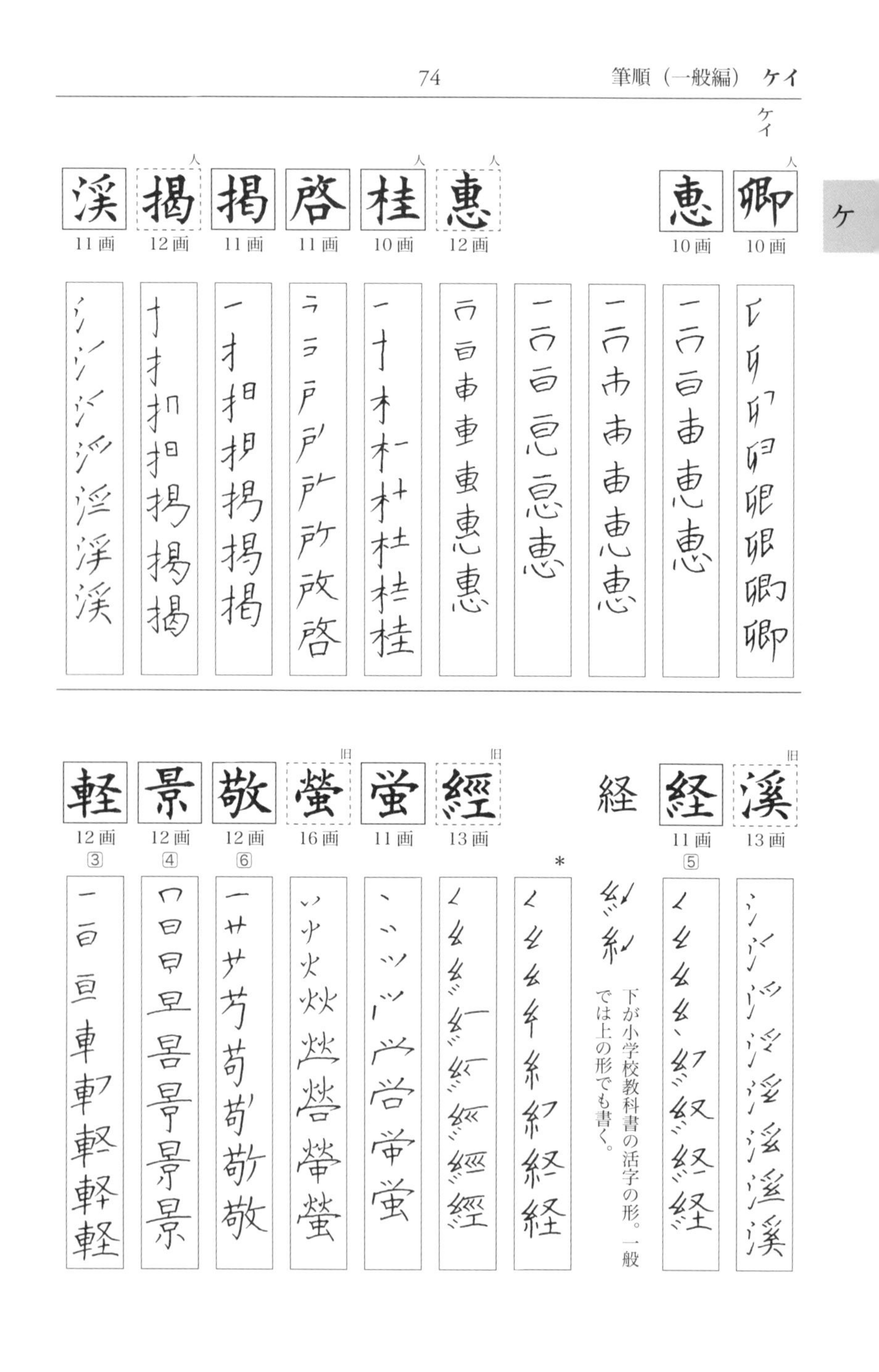

ケイ

卿《人》 10画

恵 10画

惠《人》 12画

桂 10画

啓 11画

掲 11画

揭《人》 12画

渓 11画

溪《旧》 13画

経 11画 ⑤

経 *

下が小学校教科書の活字の形。一般では上の形でも書く。

經《旧》 13画

蛍 11画

螢《旧》 16画

敬 12画 ⑥

景 12画 ④

軽 12画 ③

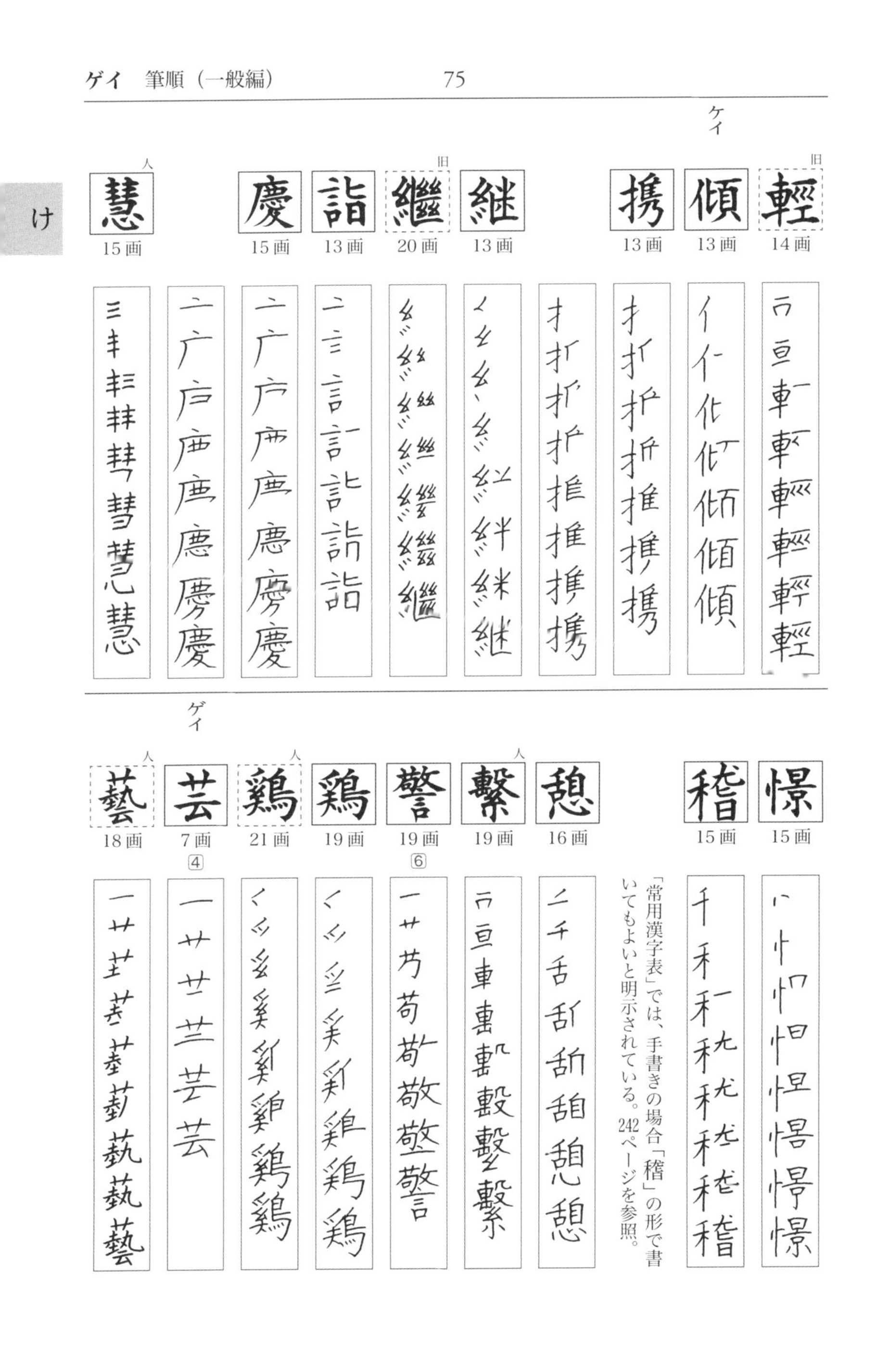

ケイ

旧				旧			人
輕	傾	携	継	繼	詣	慶	慧
14画	13画	13画	13画	20画	13画	15画	15画

ゲイ

			人			人		人
憬	稽	憩	繫	警	鶏	鷄	芸	藝
15画	15画	16画	19画	19画 ⑥	19画	21画	7画 ④	18画

「常用漢字表」では、手書きの場合「稽」の形で書いてもよいと明示されている。242ページを参照。

ケ

- 迎《ゲイ》 7画
- 鯨 19画
- 隙《ゲキ》 13画
- 劇 15画 ⑥ ＊
- 撃 15画
- 擊（人） 17画
- 激 16画 ⑥
- 桁《けた》 10画
- 欠《ケツ》 4画 ④

- 缺（旧） 10画
- 穴 5画 ⑥
- 血 6画 ③
- 決 7画 ③
- 結 12画 ④ ＊

結　下が小学校教科書の活字の形。一般では上の形でも書く。

- 傑 13画
- 潔 15画 ⑤＊

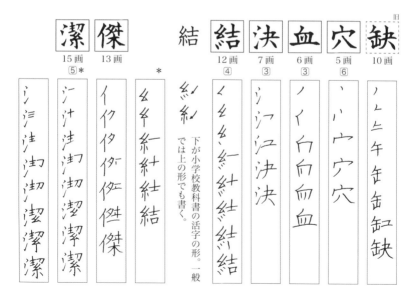

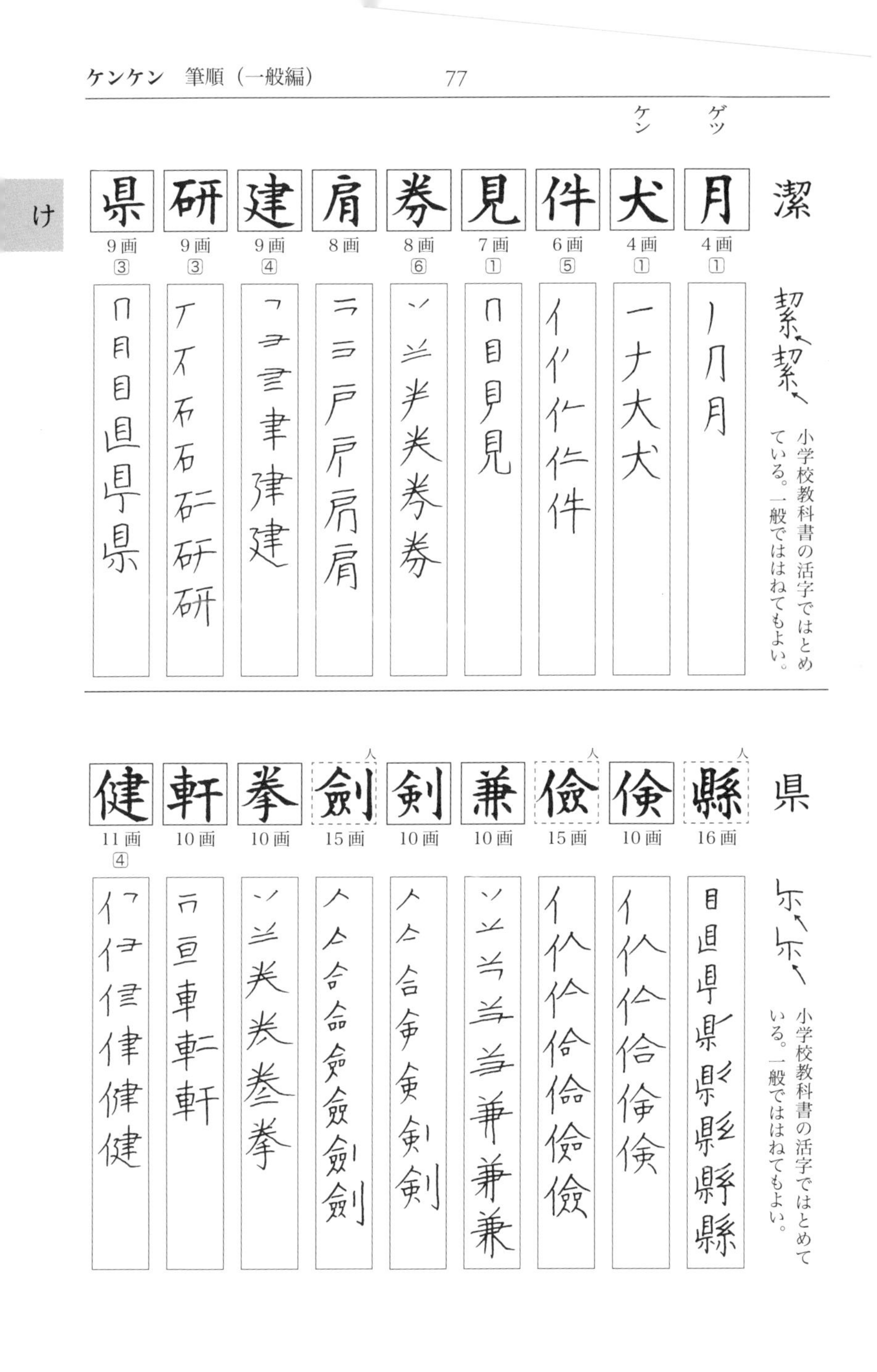

け

潔

小学校教科書の活字ではとめている。一般でははねてもよい。

漢字	画数	学年
ゲツ 月	4画	①
ケン 犬	4画	①
件	6画	⑤
見	7画	①
券	8画	⑥
肩	8画	
建	9画	④
研	9画	③
県	9画	③

県

小学校教科書の活字ではとめている。一般でははねてもよい。

漢字	画数	学年
縣（人）	16画	
倹	10画	
儉（人）	15画	
兼	10画	
剣	10画	
劍（人）	15画	
拳	10画	
軒	10画	
健	11画	④

ケ

ケン

険 11画 ⑤

人 **險** 16画

人 **喧** 12画

圏 12画

堅 12画

検 12画 ⑤

検

小学校教科書の活字ではとめている。一般でははねてもよい。

人 **檢** 17画

人 **牽** 12画

活字では「牽」（11画）だが、手書きでは、例示した「牽」（12画）の形で書くことが多い。

人 **硯** 12画

人 **絢** 12画

嫌 13画

献 13画

旧 **獻** 20画

絹 13画 ⑥

絹

下が小学校教科書の活字の形。一般では上の形でも書く。

*

遣 13画

ケン

権 15画 ⑥＊

権（旧）

權 22画 旧

小学校教科書の活字ではとめている。一般でははねてもよい。

憲 16画 ⑥＊

賢 16画

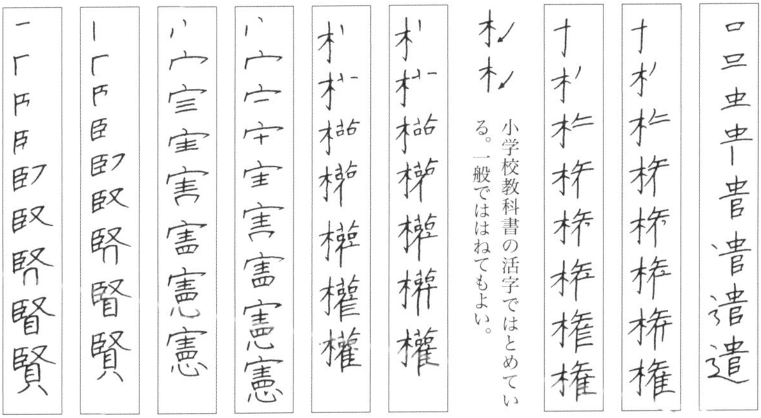

謙 17画

鍵 17画

繭 18画

顕 18画

顯 23画 人

験 18画 ④＊

驗 23画 人

懸 20画

ゲン

元 4画 ②
幻 4画
玄 5画
言 7画 ②
弦 8画
限 9画 ⑤
原 10画 ②
現 11画 ⑤＊
舷 11画

減 12画 ⑤＊
源 13画 ⑥
諺 16画 人
厳 17画 ⑥＊
嚴 20画 人

コ

己 3画 ⑥
戸 4画 ②

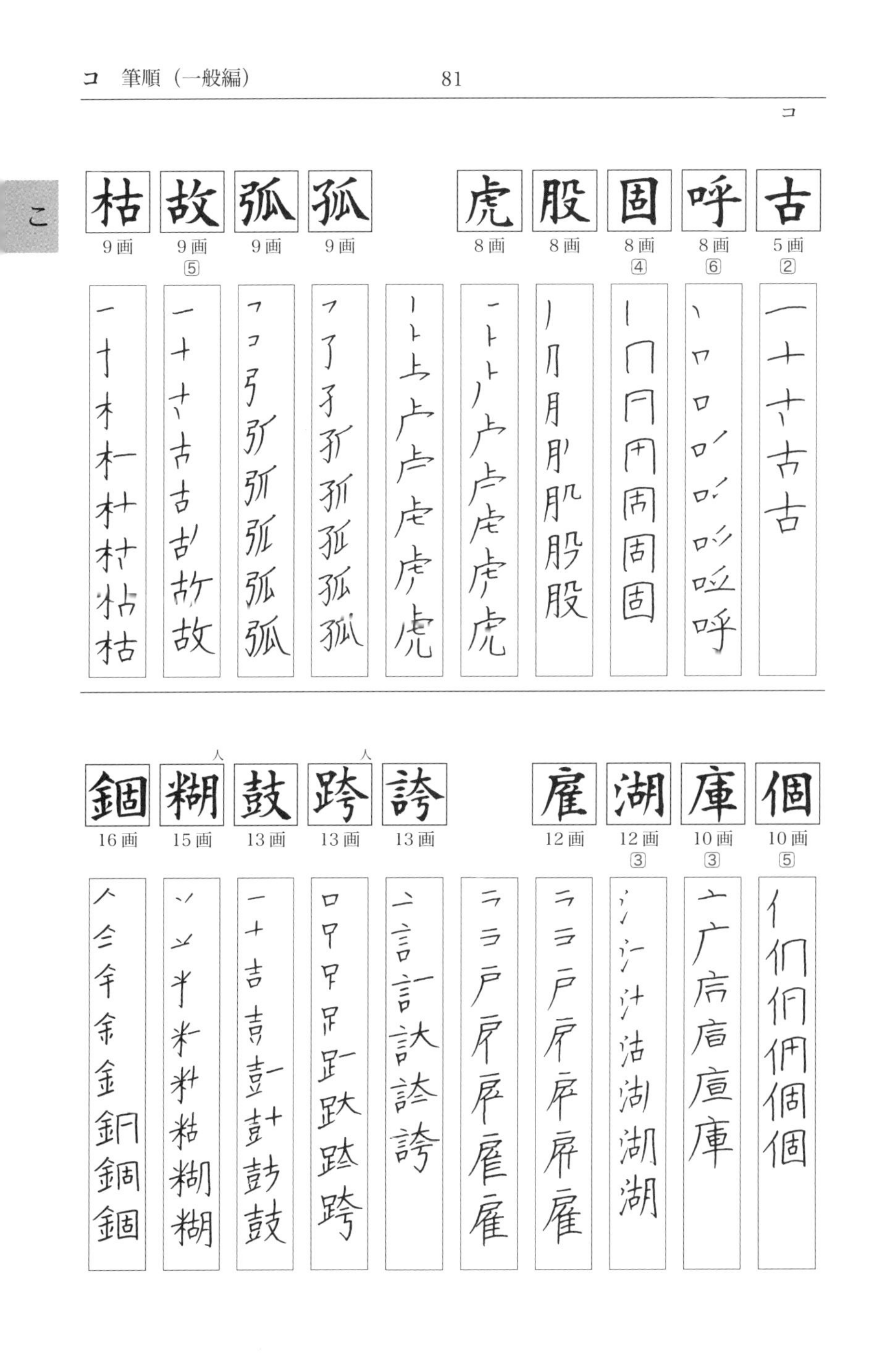

漢字	画数	学年
古	5画	②
呼	8画	⑥
固	8画	④
股	8画	
虎	8画	
孤	9画	
弧	9画	
故	9画	⑤
枯	9画	

漢字	画数	学年
個	10画	⑤
庫	10画	[3]
湖	12画	[3]
雇	12画	
誇	13画	
跨（人）	13画	
鼓	13画	
糊（人）	15画	
錮	16画	

顧《コ》	顧	五《ゴ》	互	午	伍 人	呉	吾 人	後	娯
21画		4画 ①	4画	4画 ②	6画	7画	7画	9画 ②	10画

悟	碁	語	誤	護	護	口《コウ》	工	公	勾
10画	13画	14画 ②	14画 ⑥	20画 ⑤*		3画 ①	3画 ②	4画 ②	4画

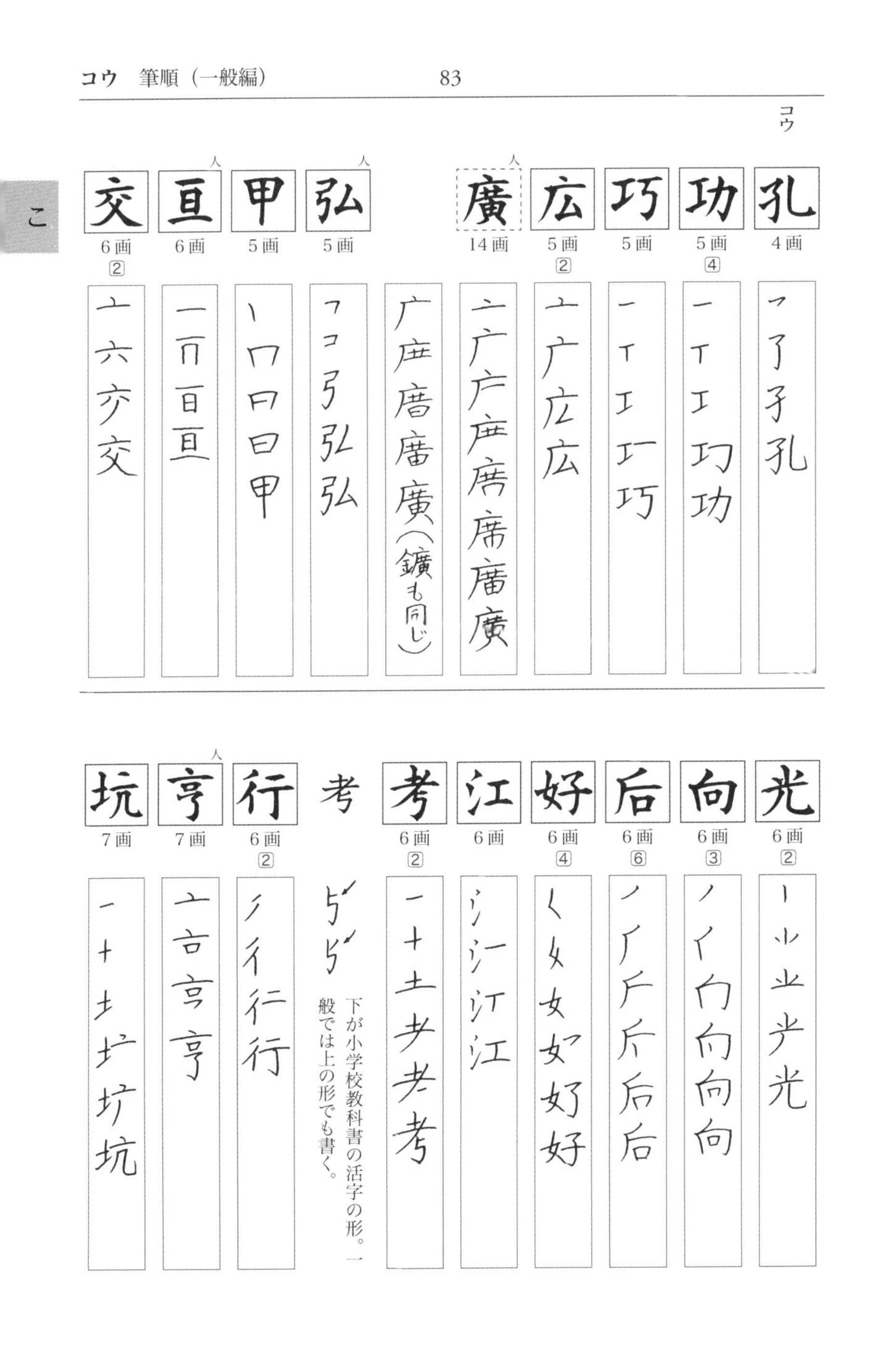

こ

コウ

漢字	画数	学年	備考
孔	4画		
功	5画	④	
巧	5画		
広	5画	②	
廣	14画		人 （鑛も同じ）
弘	5画		人
甲	5画		
亘	6画		人
交	6画	②	

漢字	画数	学年	備考
光	6画	②	
向	6画	③	
后	6画	⑥	
好	6画	④	
江	6画		
考	6画	②	
考			下が小学校教科書の活字の形。一般では上の形でも書く。
行	6画	②	
亨	7画		人
坑	7画		

コウ

考	宏	抗	攻	更	効	效	幸	幸	拘
7画 ⑥	人 7画	7画	7画	7画	8画 ⑤	旧 10画	8画 ③		8画

小学校教科書の活字は下の横棒が短い。一般では長くも書く。

昂	肯	肴	侯	厚	恒	洪	洸	皇
人 8画	8画	人 8画	9画	9画 ⑤	9画	9画	人 9画	9画 ⑥＊

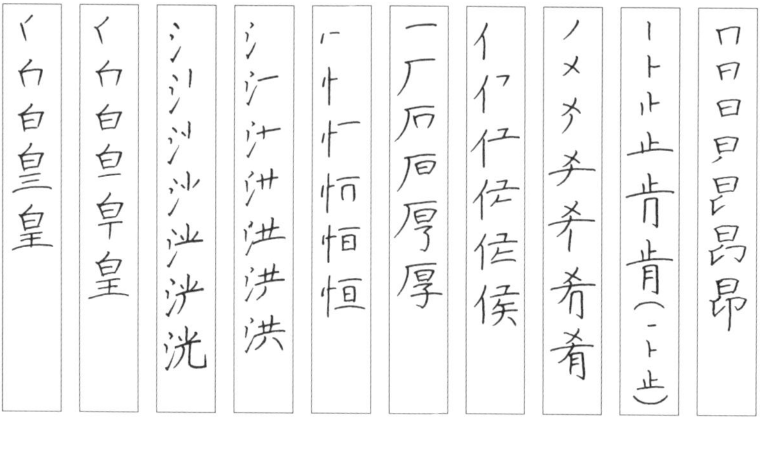

こ

コウ

紅 9画 ⑥

紅 ＊

下が小学校教科書の活字の形。一般では上の形でも書く。

荒 9画

郊 9画

香 9画 ④

候 10画 ④

晃（人） 10画

校 10画 ①

校

小学校教科書の活字ではとめている。一般でははねてもよい。

浩（人） 10画

絃（人） 10画

耕 10画 ⑤

航 10画 ⑤

貢 10画

降 10画 ⑥

高 10画 ②

康 11画 ④

控 11画

梗 11画

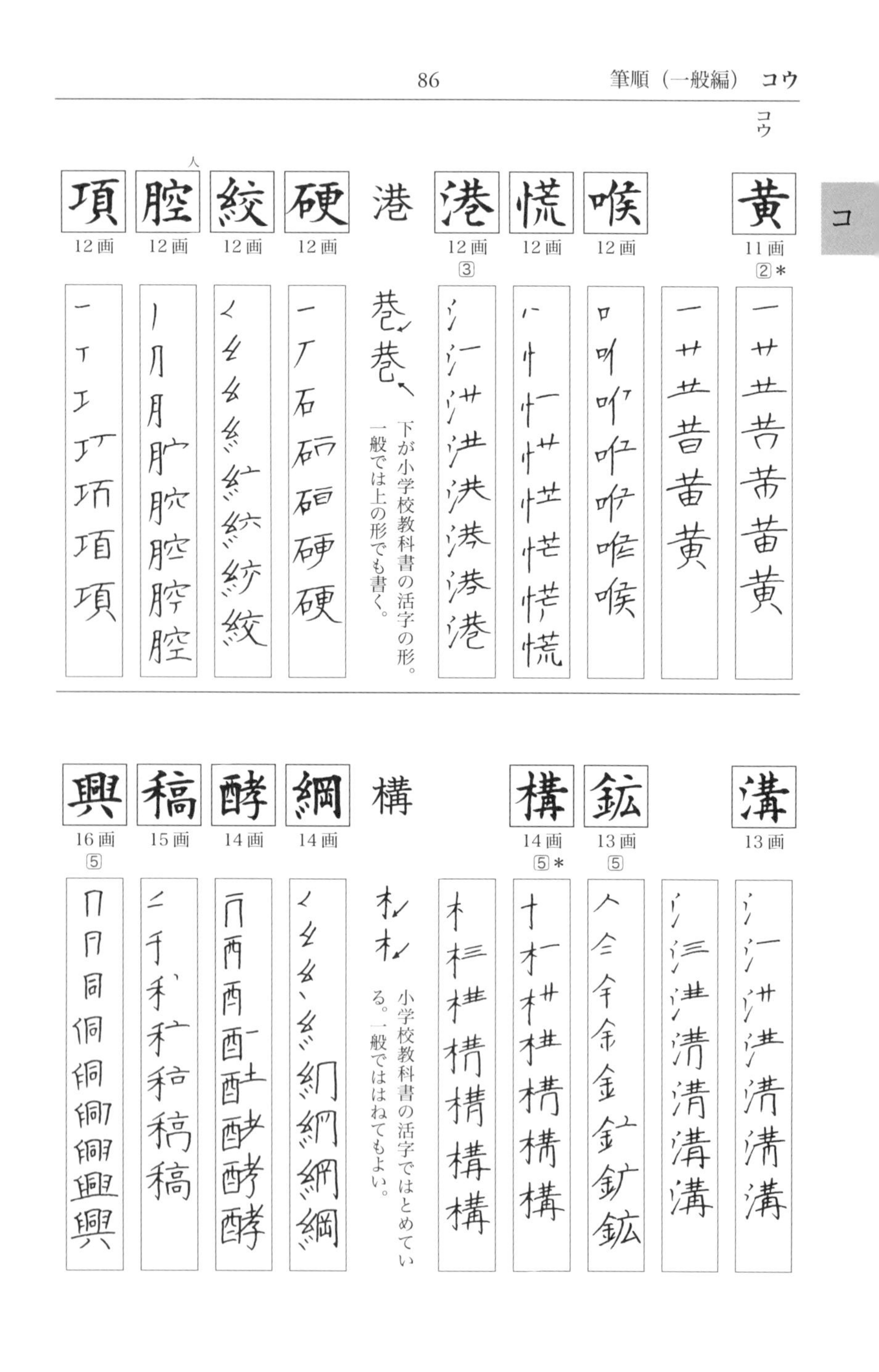

コウ

黄 11画 ② *

喉 12画

慌 12画

港 12画 ③

港

下が小学校教科書の活字の形。一般では上の形でも書く。

硬 12画

絞 12画

腔（人） 12画

項 12画

溝 13画

鉱 13画 ⑤

構 14画 ⑤ *

構

小学校教科書の活字ではとめている。一般でははねてもよい。

綱 14画

酵 14画

稿 15画

興 16画 ⑤

衡《コウ》 16画 *

鋼 16画 ⑥

講 17画 ⑤ *

購 17画

乞《こう》 3画

号《ゴウ》 5画 ③

號（旧） 13画

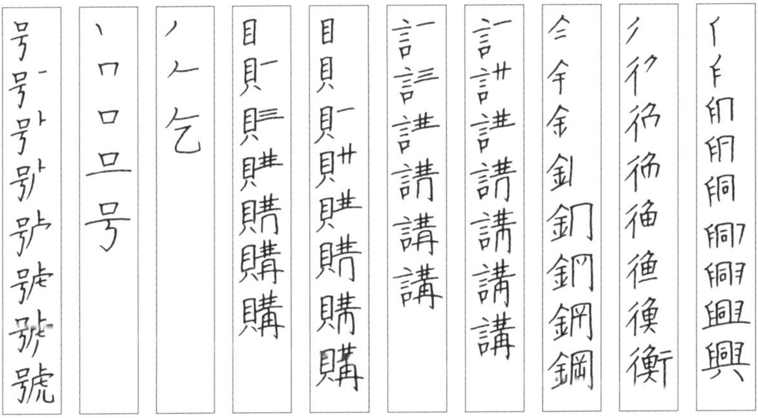

合 6画 ②

劫（人） 7画

拷 9画

剛 10画

傲 13画

豪 14画

壕（人） 17画

克《コク》 7画

告 7画 ⑤

コク

谷　7画　②

刻　8画　⑥

国　8画　②＊

國（人）　11画

黒　11画　②＊

穀　14画　⑥

酷　14画

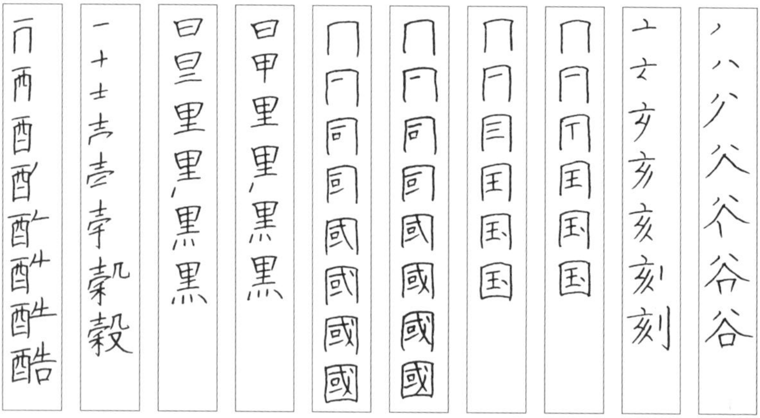

ゴク

獄　14画

コツ

骨　10画　⑥＊

惚（人）　11画

この

此（人）　6画

こま

駒　15画

こむ

込　5画

これ

惟（人）　11画

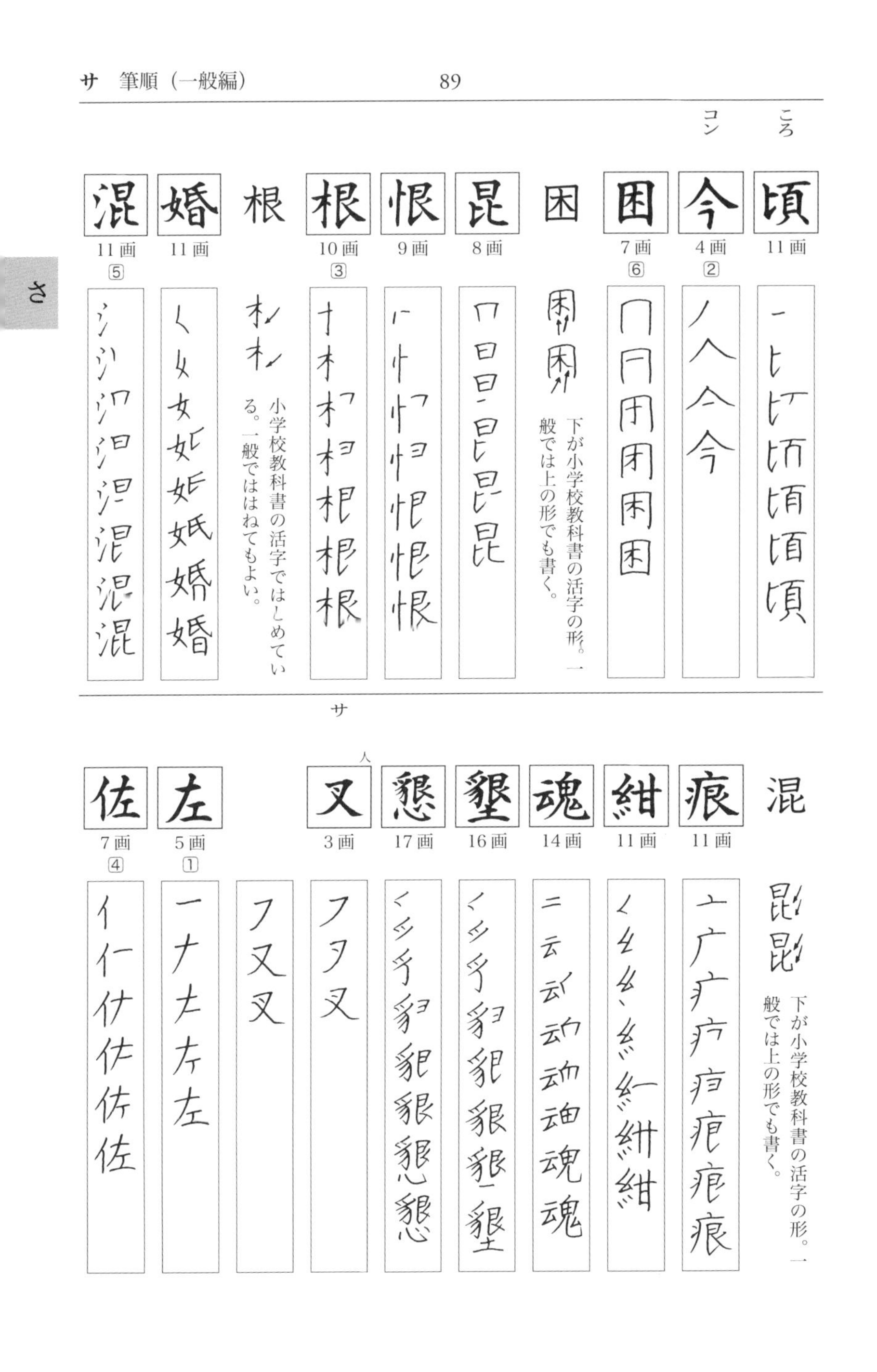

頃《ころ》　11画

今《コン》　4画　②

困　7画　⑥

困

下が小学校教科書の活字の形。一般では上の形でも書く。

昆　8画

恨　9画

根　10画　③

根

小学校教科書の活字でははじめている。一般でははねてもよい。

婚　11画

混　11画　⑤

混

下が小学校教科書の活字の形。一般では上の形でも書く。

痕　11画

紺　11画

魂　14画

墾　16画

懇　17画

叉《サ》（人）　3画

左　5画　①

佐　7画　④

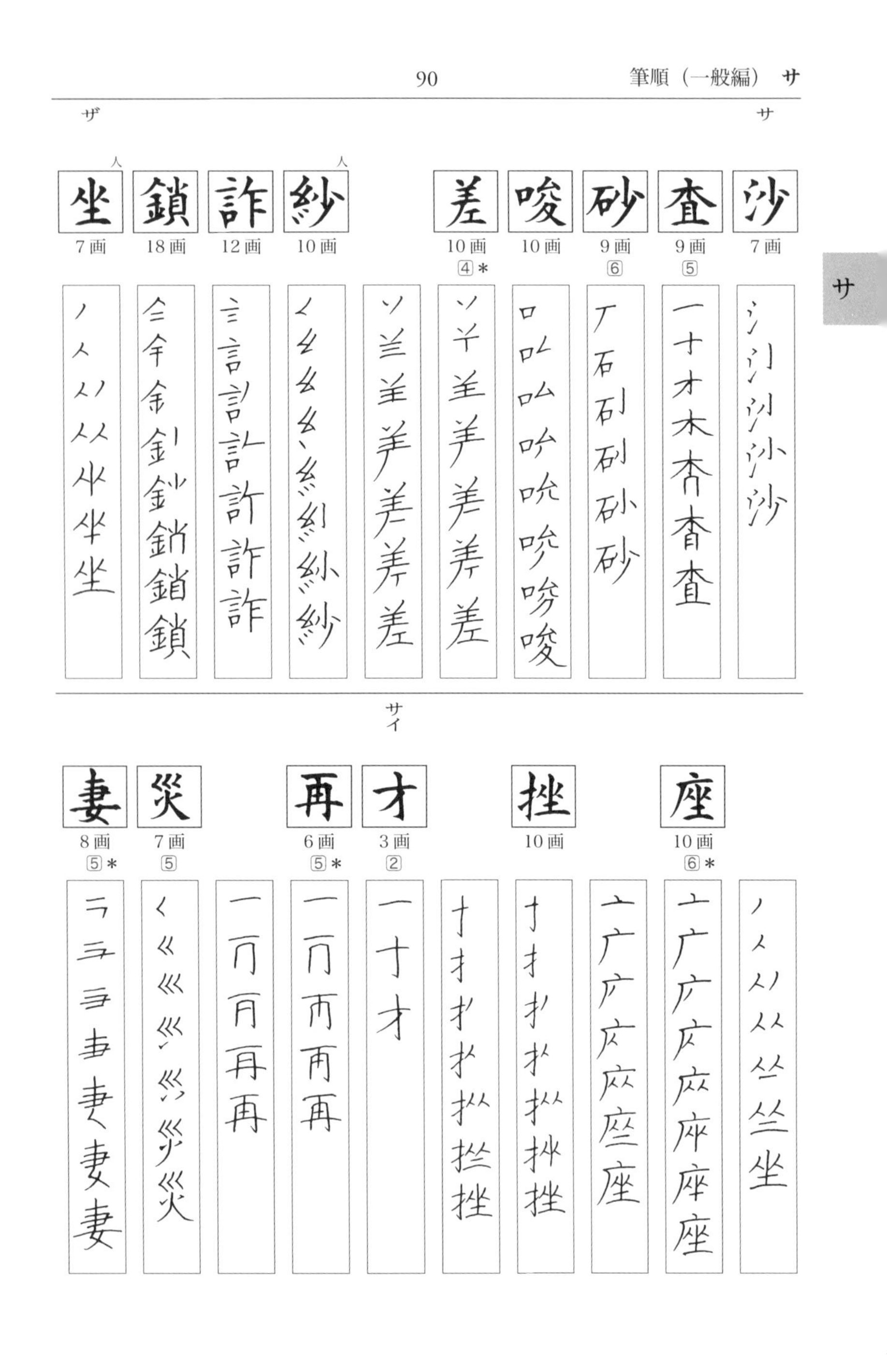

サ

漢字	画数	備考
沙	7画	
査	9画	⑤
砂	9画	⑥
唆	10画	
差	10画	④＊
紗	10画	人
詐	12画	
鎖	18画	

ザ

漢字	画数	備考
坐	7画	人
座	10画	⑥＊
挫	10画	

サイ

漢字	画数	備考
才	3画	②
再	6画	⑤＊
災	7画	⑤
妻	8画	⑤＊

サイ

采 8画

砕 9画

碎（人） 13画

宰 10画

栽 10画

彩 11画

採 11画 ⑤

採

小学校教科書の活字ではとめている。一般でははねてもよい。

済 11画 ⑥＊

濟（旧） 17画

祭 11画 ③

砦（人） 11画

斎 11画

齋（旧） 17画

サイ

細　細
11画 ②

下が小学校教科書の活字の形。一般では上の形でも書く。

＊

菜　菜
11画 ④

小学校教科書の活字ではとめている。一般でははねてもよい。

最
12画 ④＊

屖（人）
12画

裁
12画 ⑥＊

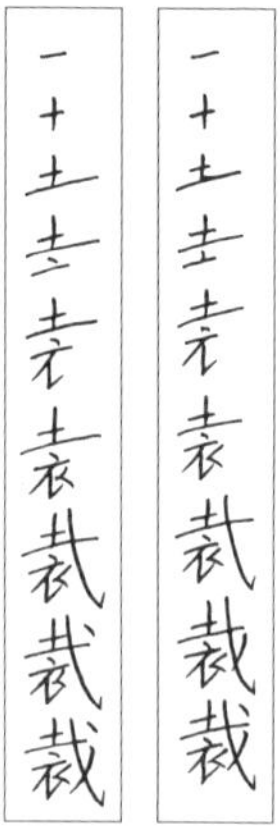

債
13画

催
13画

塞
13画

歳
13画

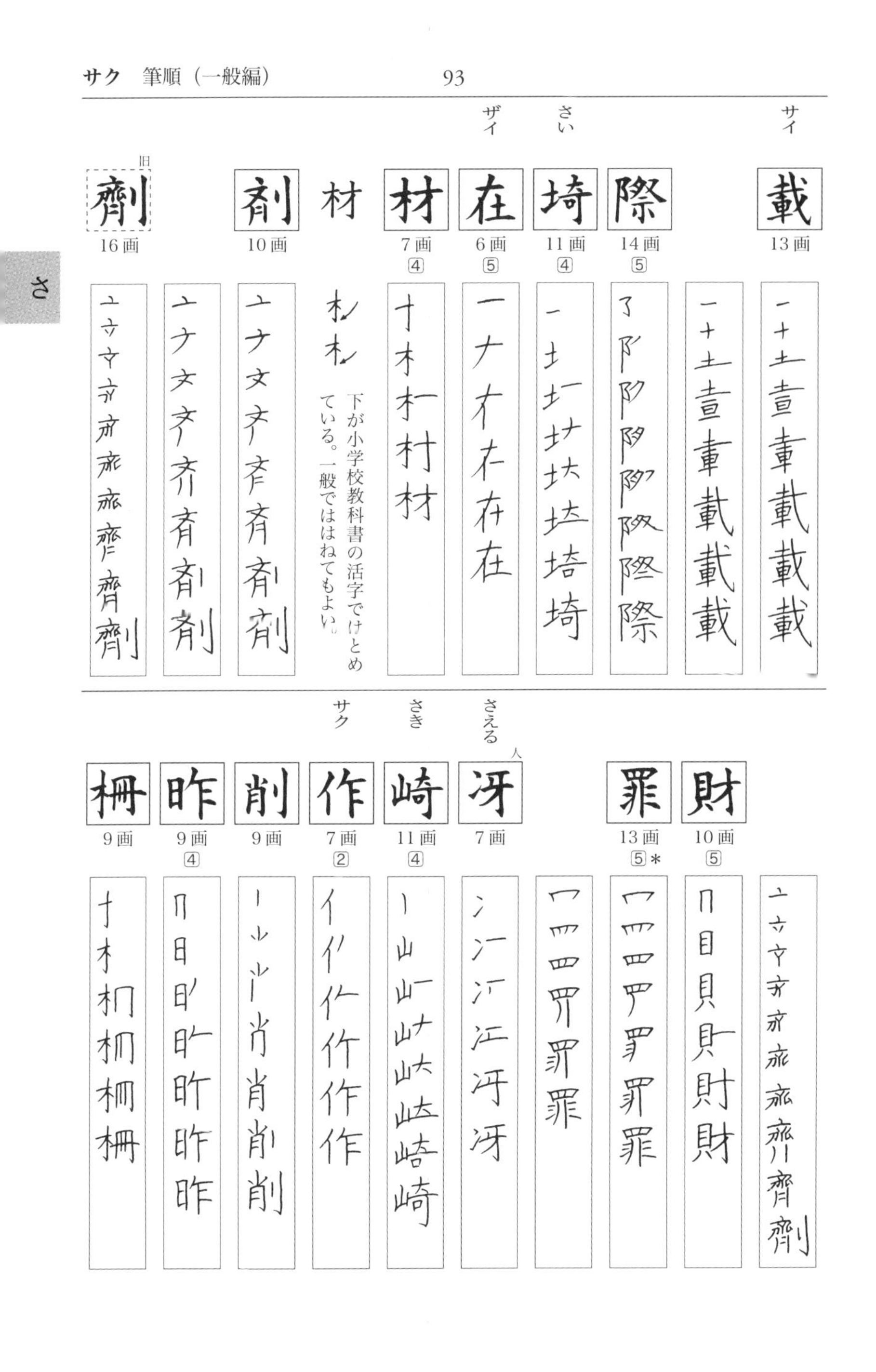

サイ

載　13画

際　14画　⑤

さい

埼　11画　④

ザイ

在　6画　⑤

材　7画　④

材

下が小学校教科書の活字ではとめている。一般でははねてもよい。

剤　10画

劑（旧）　16画

財　10画　⑤

罪　13画　⑤＊

さえる

冴（人）　7画

さき

崎　11画　④

サク

作　7画　②

削　9画

昨　9画　④

柵　9画

さ

人 朔《サク》 10画

索 10画

策 12画 ⑥

策 小学校教科書の活字ではとめている。一般でははねてもよい。

酢 12画

搾 13画

錯 16画

咲《さく》 9画

人 笹《ささ》 11画

冊《サツ》 5画 ⑥

札 5画 ④

刷 8画 ④

刹 8画

拶 9画

殺 10画 ⑤

殺 小学校教科書の活字ではとめている。一般でははねてもよい。

察 14画 ④

人 颯 14画

撮 15画

さ

擦《サツ》　17画

雑《ザツ》　14画　⑤*

雜（人）　18画

下が小学校教科書の活字の形。一般では上の形でも書く。

皿《さら》　5画　③

三《サン》　3画　①

山　3画　①

参　8画　④

參（旧）　11画

桟　10画

棧（旧）　12画

蚕　10画　⑥

上が小学校教科書の活字の形。一般では下の形に書いてもよい。

蠶（旧）　26画

惨　11画

慘（旧）　14画

産　11画　④*

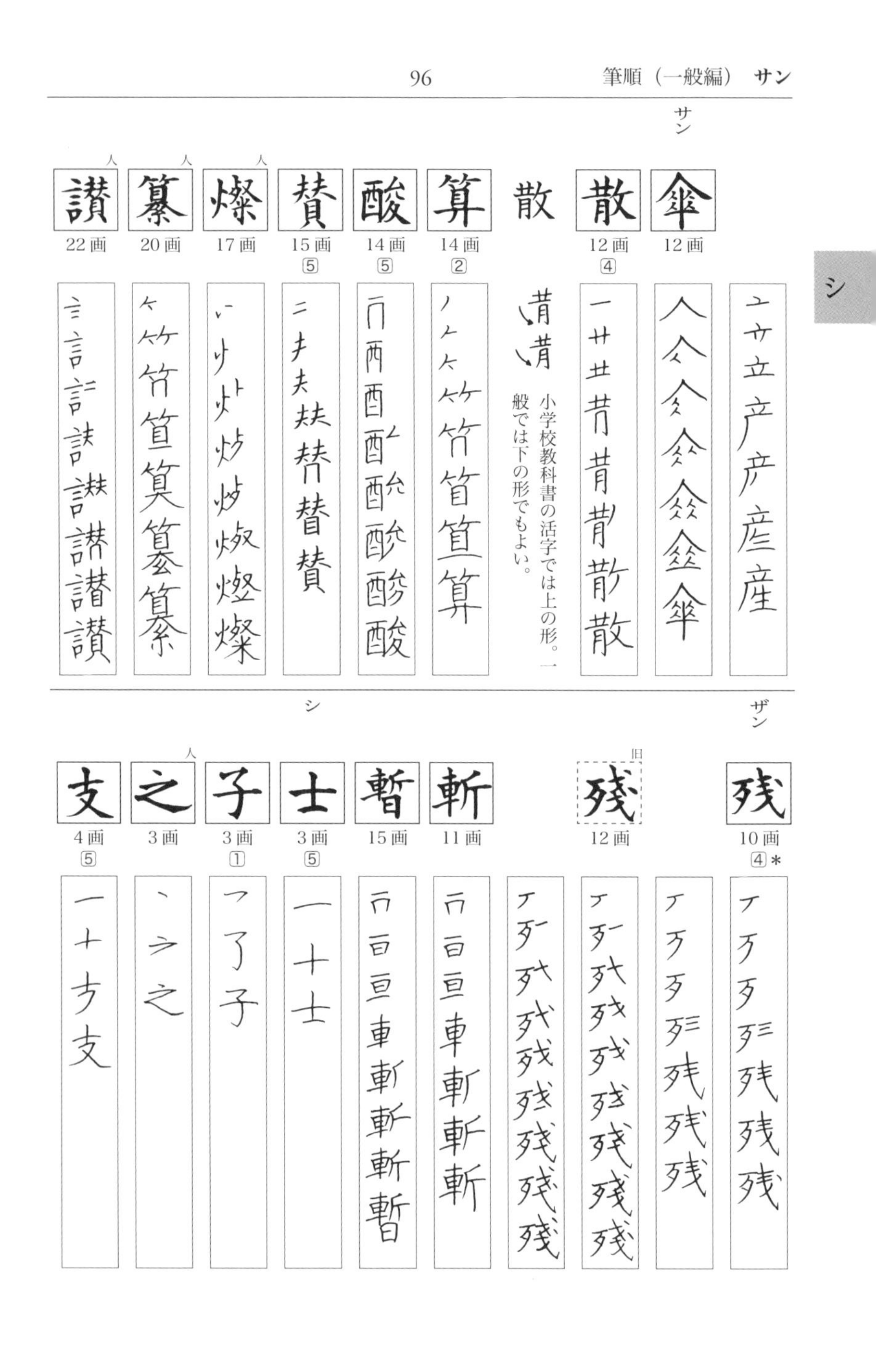

サン

- 産
- 傘　12画
- 散　12画　④
- 散（別形）

小学校教科書の活字では上の形。一般では下の形でもよい。

- 算　14画　②
- 酸　14画　⑤
- 賛　15画　⑤
- 燦　17画　人
- 纂　20画　人
- 讃　22画　人

ザン

- 残　10画　④＊
- 殘　12画　旧
- 斬　11画
- 暫　15画

シ

- 士　3画　⑤
- 子　3画　①
- 之　3画　人
- 支　4画　⑤

シ

止　4画　②＊

氏　4画　④

仕　5画　③

史　5画　⑤

司　5画　④

四　5画　①

市　5画　②

矢　5画　②

旨　6画

死　6画　③

上が小学校教科書の活字の形。一般では下の形で書いてもよい。

糸　6画　①

小学校教科書の活字ではとめている。一般でははねてもよい。

絲（旧）　12画

至　6画　⑥

＊

伺　7画

志　7画　⑤

私　7画　⑥

し

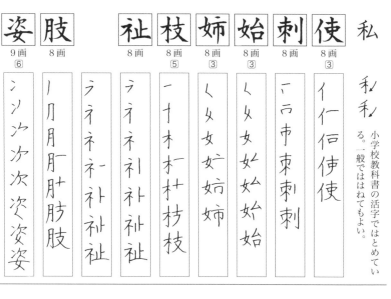

私
小学校教科書の活字ではとめている。一般でははねてもよい。

使　8画　③

刺　8画

始　8画　③

姉　8画　③

枝　8画　⑤

祉　8画

肢　8画

姿　9画　⑥

姿
小学校教科書の活字でははらっている。一般ではとめても書く。

思　9画　②

指　9画　③

指
下が小学校教科書の活字の形。一般では上の形でも書く。

施　9画

師　10画　⑤

恣　10画
「常用漢字表」では「恣」の形で示されているが、手書きの場合は「恣」と書いてもよいと明示されている。242ページを参照。

紙　10画　②

紙
下が小学校教科書の活字の形。一般では上の形でも書く。

シ

脂　10画

梓（人）　11画

視　11画　⑥

紫　12画

詞　12画　⑥

歯　12画　③＊

齒（旧）　15画

＊

嗣　13画

試　13画　④

詩　13画　③

資　13画　⑤

資

小学校教科書の活字でははらっている。一般ではとめても書く。

飼　13画　⑤

誌　14画　⑥

雌　14画

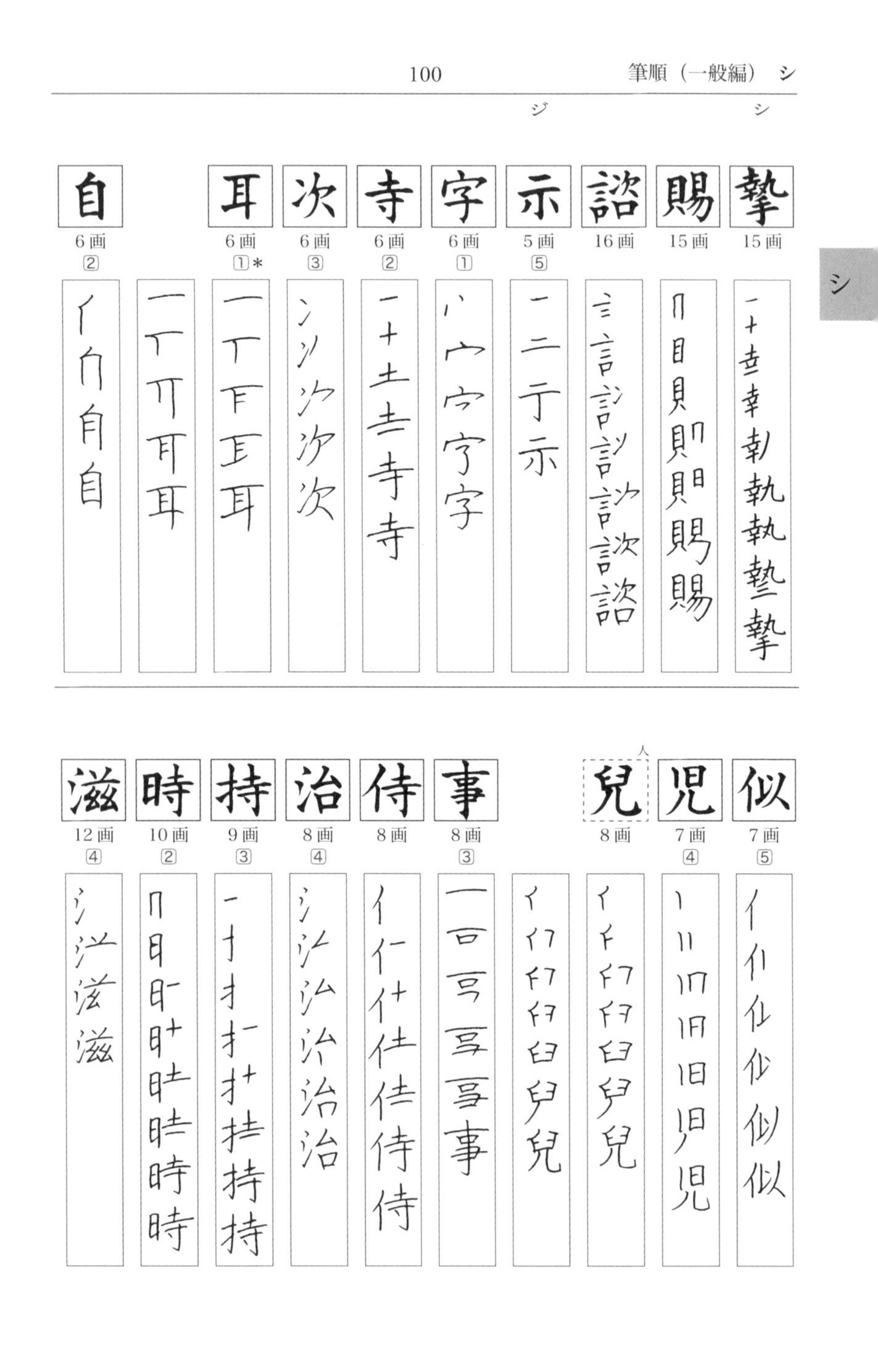

シ			ジ						
摯	賜	諮	示	字	寺	次	耳		自
15画	15画	16画	5画	6画	6画	6画	6画		6画
			⑤	①	②	③	①＊		②
…摯	…賜	…諮	一 二 亍 示	…字	一 十 土 …寺	…次	…耳	…耳	…自

			人						
似	児	兒		事	侍	治	持	時	滋
7画	7画	8画		8画	8画	8画	9画	10画	12画
⑤	④			③		④	③	②	④
…似	…児	…兒	…兒	…事	…侍	…治	…持	…時	…滋

し

ジ

慈 13画

辞 13画 ④

辭（旧） 19画

爾（人） 14画

磁 14画 ⑥

餌 14画

「常用漢字表」では「餌」の形で示されているが、手書きの場合は「餌」と書いてもよいと明示されている。

璽 19画

しおり **栞**（人） 10画

しか **鹿** 11画 ④

シキ **式** 6画 ③

識 19画 ⑤＊

ジク **軸** 12画

シチ **七** 2画 ①

シツ **叱** 5画

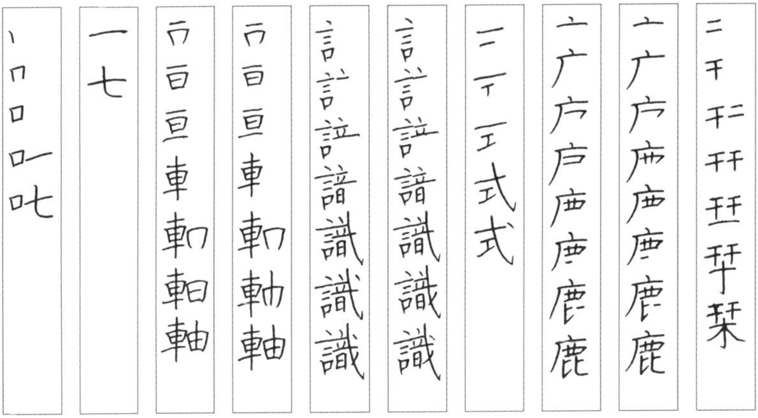

シツ

失　5画　④

室　9画　②

＊

疾　10画

執　11画

湿　12画

濕（人）　17画

嫉　13画

漆　14画

質　15画　⑤

ジツ

実　8画　③

実

下が小学校教科書の活字の形。一般では上の形でも書く。

實（人）　14画

しの

篠（人）　17画

しば

芝　6画

柴（人）　10画

シャ

写　5画　③

寫（旧）　15画

社《シャ》	車	舎	者	射	捨	赦	斜	煮	遮
7画	7画	8画	8画	10画	11画	11画	11画	12画	14画
②	①	⑤	③	⑥	⑥				

謝	邪《ジャ》	蛇	勺《シャク》（人）	尺	灼（人）	借	酌	釈
17画	8画	11画	3画	4画	7画	10画	10画	11画
⑤				⑥		④		

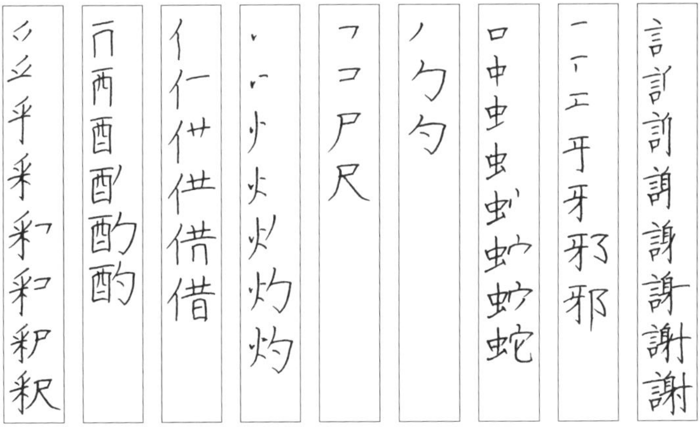

釈

小学校教科書の活字ではとめている。一般でははねてもよい。

釋	爵	若	弱	寂		雀		手	主
旧	シャク	ジャク				人		シュ	
20画	17画	8画	10画	11画		11画		4画	5画
		⑥	②					①	③＊
釋	爵	一 十 艹 芊 芳 若 若 若	㇆ コ 弓 弓 弓 弜 弜 弱 弱	丶 宀 宀 宀 宇 宇 宋 寂	丶 宀 宀 宀 宇 宇 宋 寂	丨 小 少 少 尖 尖 雀 雀	丨 小 少 少 尖 尖 雀 雀	丿 三 手	丶 亠 亍 キ 主

珠	殊	首	狩		取	朱	守	
10画	10画	9画	9画		8画	6画	6画	
		②			③＊		③	
一 三 王 王 王 王 珠 珠	一 T 王 王 王 王 珠 珠	一 歹 歹 歹 殊	丷 䒑 首 首 首	丿 犭 犭 狩 狩 狩 狩	一 耳 耳 耳 取 取	一 T F 耳 耳 取 取	丿 𠂉 牛 牛 朱 朱	丶 宀 宀 守 守 守	丶 二 三 主

シュ

酒 10画 ③

腫 13画

種 14画 ④＊

種

禾 禾

小学校教科書の活字ではとめている。一般でははねてもよい。

趣 15画

ジュ

寿 7画

壽 14画 人

受 8画 ③

呪 8画

授 11画 ⑤

需 14画

儒 16画

樹 16画 ⑥

樹

木 木

小学校教科書の活字ではとめている。一般でははねてもよい。

シュウ

収 4画 ⑥

收 6画 人

囚 5画

シュウ

州 6画 ③

舟 6画

秀 7画

周 8画 ④

宗 8画 ⑥

拾 9画 ③

秋 9画 ②

秋 小学校教科書の活字ではとめている。一般でははねてもよい。

臭 9画

修 10画 ⑤

袖 10画

終 11画 ③

終 下が小学校教科書の活字の形。一般では上の形でも書く。

＊

羞 11画

習 11画 ③

習 下が小学校教科書の活字の形。一般では上の形でも書く。

脩 11画 人

漢字	画数	学年
週《シュウ》	11画	②
就	12画	⑥
衆	12画	⑥
集	12画	③＊
集		
愁	13画	
人 蒐	13画	
酬	13画	
醜	17画	

下が小学校教科書の活字の形。一般では上の形でも書く。

漢字	画数	学年
蹴	19画	
襲	22画	
人 鷲	23画	
十《ジュウ》	2画	①
汁	5画	
充	6画	
住	7画	③＊
柔	9画	
重	9画	③＊

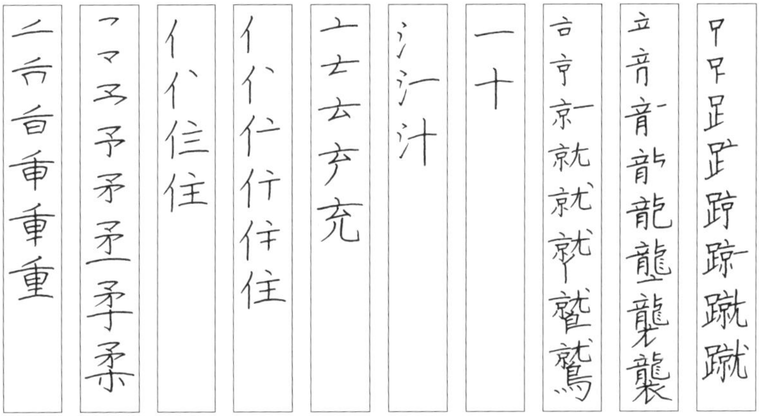

ジュウ

従 10画 ⑥

從（人） 11画

渋 11画

澁（人） 15画

銃 14画

獣 16画

獸（人） 19画

縦 16画 ⑥

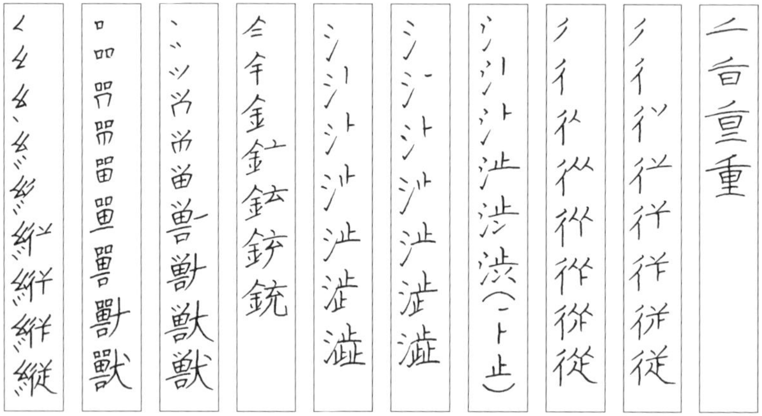

縦

下が小学校教科書の活字の形。一般では上の形でも書く。

*

縱（人） 17画

シュク

叔 8画

祝 9画 ④

宿 11画 ③

淑 11画

粛 11画

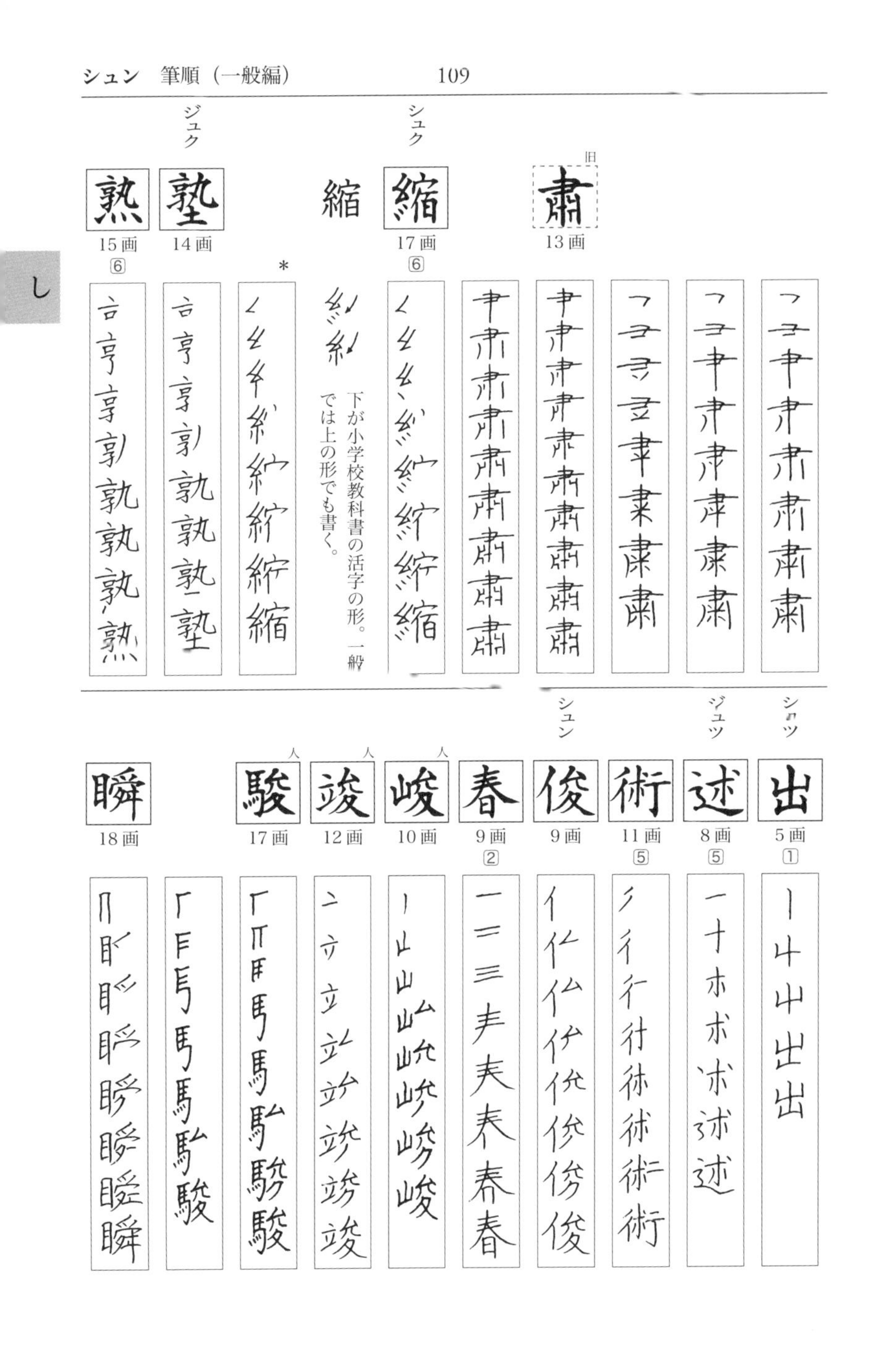

肅（旧）　13画

縮《シュク》　17画　⑥

縮　＊

下が小学校教科書の活字の形。一般では上の形でも書く。

塾《ジュク》　14画

熟　15画　⑥

出《シュツ》　5画　①

述《ジュツ》　8画　⑤

術　11画　⑤

俊《シュン》　9画

春　9画　②

峻（人）　10画

竣（人）　12画

駿（人）　17画

瞬　18画

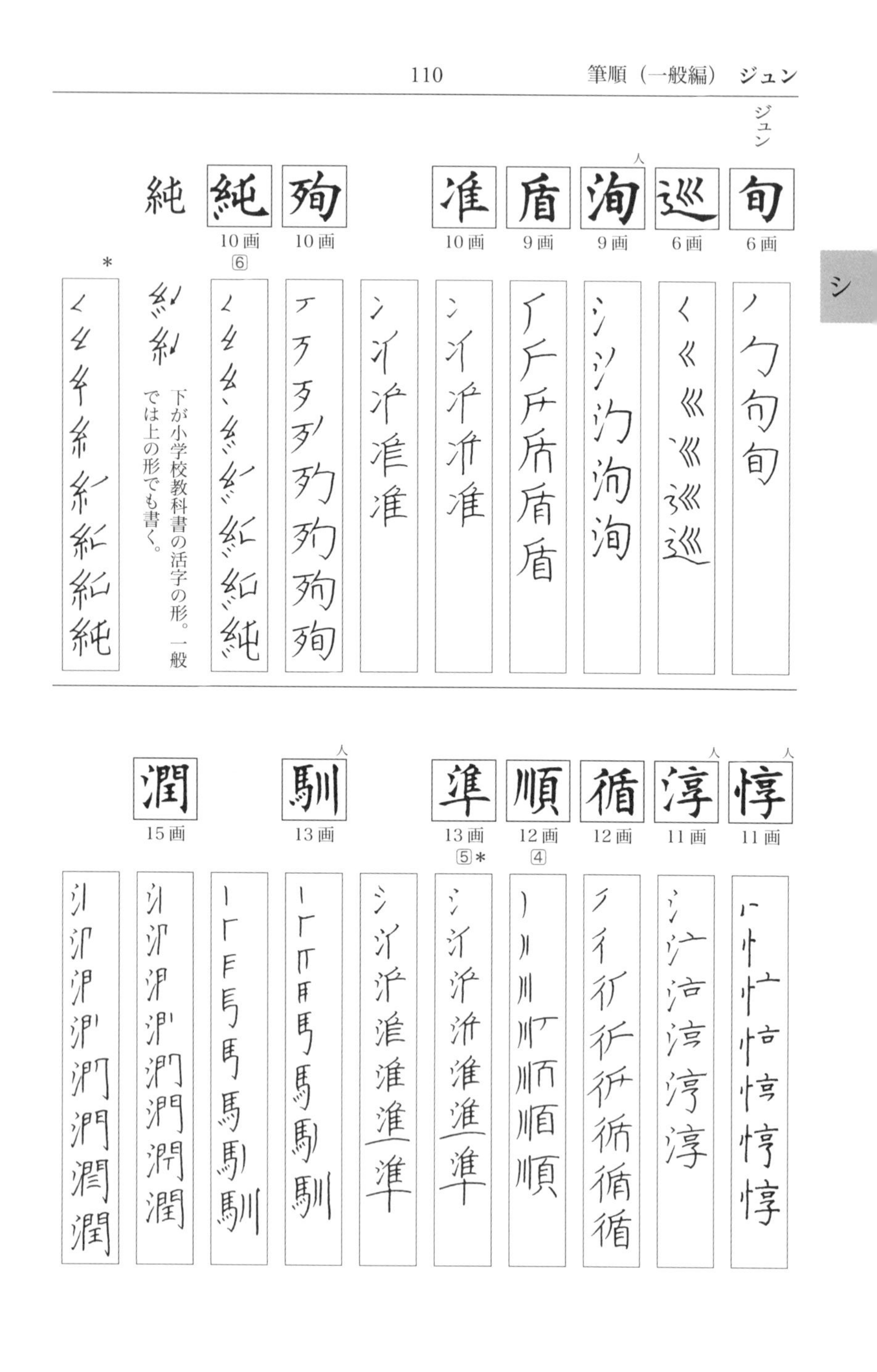

ジュン

- 旬　6画
- 巡　6画
- 洵（人）　9画
- 盾　9画
- 准　10画
- 殉　10画
- 純　10画　⑥
  - 下が小学校教科書の活字の形。一般では上の形でも書く。
  - ＊

- 惇（人）　11画
- 淳（人）　11画
- 循　12画
- 順　12画　④
- 準　13画　⑤＊
- 馴（人）　13画
- 潤　15画

- ジュン 導 15画
- 醇 人 15画
- ショ 処 5画 ⑥＊
- 處 旧 11画
- 初 7画 ④
- 所 8画 ③
- 書 10画 ②＊

- 庶 11画
- 渚 人 11画
- 暑 12画 ③
- 署 13画 ⑥
- 緒 14画
- 諸 15画 ⑥
- ジョ 女 3画 ①
- 如 6画
- 助 7画 ③
- 序 7画 ⑤

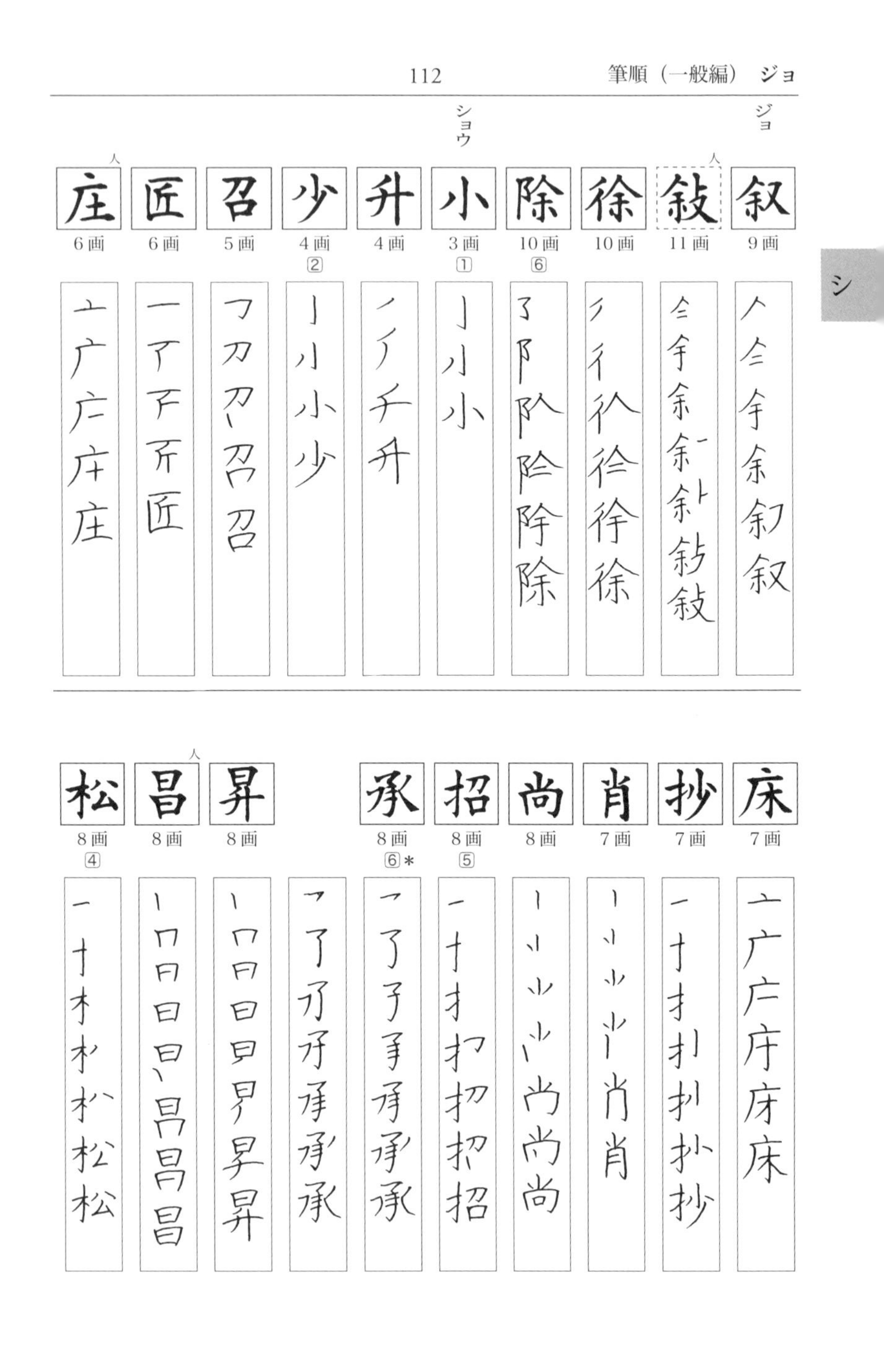

字	画数	学年
叙《ジョ》	9画	
敍（人）	11画	
徐	10画	
除	10画	⑥
小《ショウ》	3画	①
升	4画	
少	4画	②
召	5画	
匠	6画	
庄（人）	6画	

字	画数	学年
床	7画	
抄	7画	
肖	7画	
尚	8画	
招	8画	⑤
承	8画	⑥＊
昇	8画	
昌（人）	8画	
松	8画	④

し

ショウ

沼 8画

昭 9画 ③

哨（人） 10画

宵 10画

将 10画 ⑥

將（人） 11画

消 10画 ③

症 10画

祥 10画

称 10画

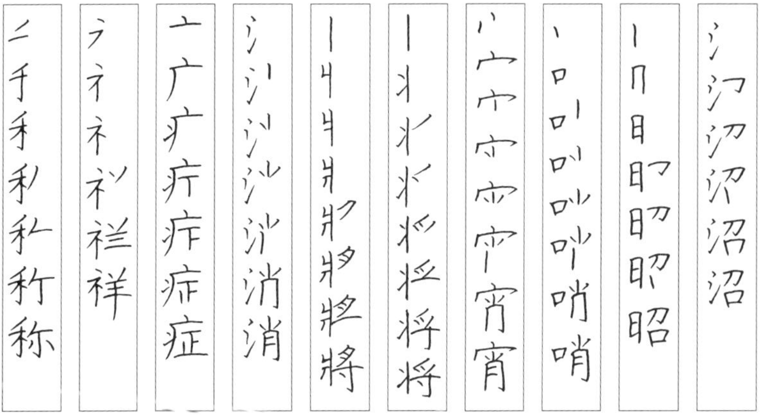

称

小学校教科書の活字ではとめている。一般でははねてもよい。

稱（旧） 14画

笑 10画 ④

唱 11画 ④

商 11画 ③

捷（人） 11画

梢（人） 11画

渉 11画

字	画数	備考
渉	10画	人
章	11画	③　ショウ
紹	11画	
訟	11画	
勝	12画	③
掌	12画	
晶	12画	
焼	12画	④
燒	16画	人

字	画数	備考
焦	12画	
硝	12画	
粧	12画	
翔	12画	人
詔	12画	
証	12画	⑤
證	19画	旧

ショウ

象　12画　⑤

傷　13画　⑥

奨　13画

獎《人》　14画

照　13画　④

詳　13画

頌《人》　13画

彰　14画

裳《人》　14画

障　14画　⑥

憧　15画

衝　15画

賞　15画　⑤

償　17画

礁　17画

醤《人》　18画

鐘　20画

シ

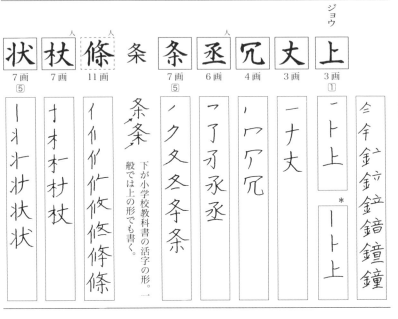

ジョウ

字	画数	備考
上	3画	①
上		*
丈	3画	
冗	4画	
丞	6画	人
条	7画	⑤
条		下が小学校教科書の活字の形。一般では上の形でも書く。
條	11画	人
杖	7画	人
状	7画	⑤
狀	8画	人
乗	9画	③
乗		小学校教科書の活字ではとめている。一般でははねてもよい。
乘	10画	人
城	9画	④ *
浄	9画	
淨	11画	人
剰	11画	
剩	12画	人

常《ジョウ》 11画 ⑤

情 11画 ⑤＊

場 12画 ②

畳 12画

疊（人） 22画

蒸 13画 ⑥

縄 15画 ④

繩 ＊

下が小学校教科書の活字の形。一般では上の形でも書く。

繩（旧） 19画

壌 16画

壤（旧） 20画

嬢 16画

錠 16画

穣（人） 18画

譲《ジョウ》　20画

醸　20画

色《ショク》　6画　②

拭　9画

食　9画　②

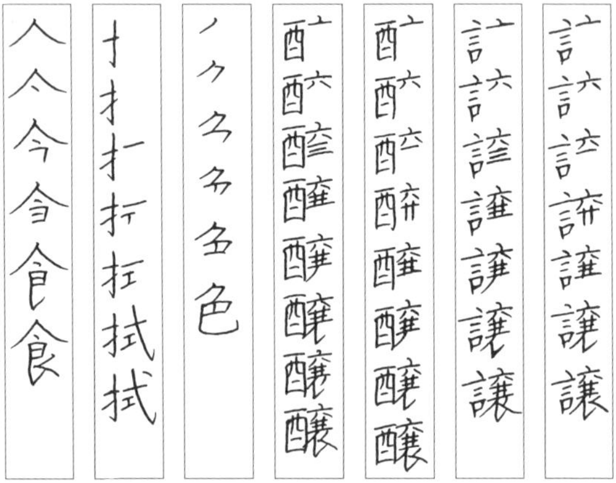

食

下が小学校教科書の活字の形。一般では上の形でも書く。

植　12画　③

植

小学校教科書の活字ではとめている。一般でははねてもよい。

殖　12画

飾　13画

触　13画

觸（旧）　20画

嘱　15画

囑（旧）　24画

燭（人）　17画

織　18画　⑤

臣 7画 ④＊

伸 7画

申 5画 ③

心《シン》 4画 ②

尻《しり》 5画

辱《ジョク》 10画

職《ショク》 18画 ⑤＊

織 ＊

下が小学校教科書の活字の形。一般では上の形でも書く。

唇 10画

神 9画 ③

津 9画

信 9画 ④

侵 9画

辰《人》 7画

辛 7画

身 7画 ③

芯 7画

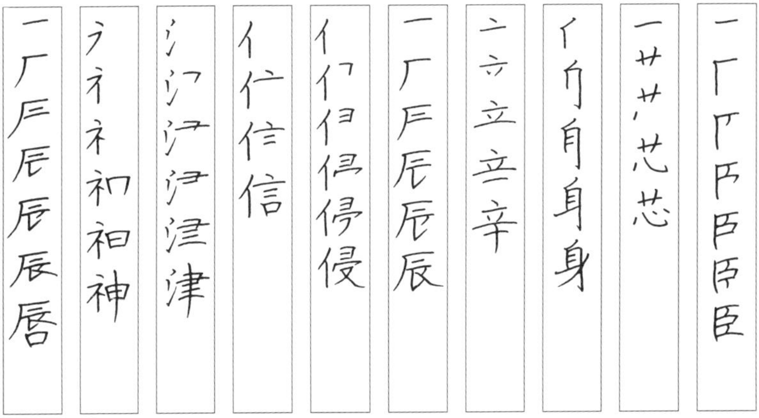

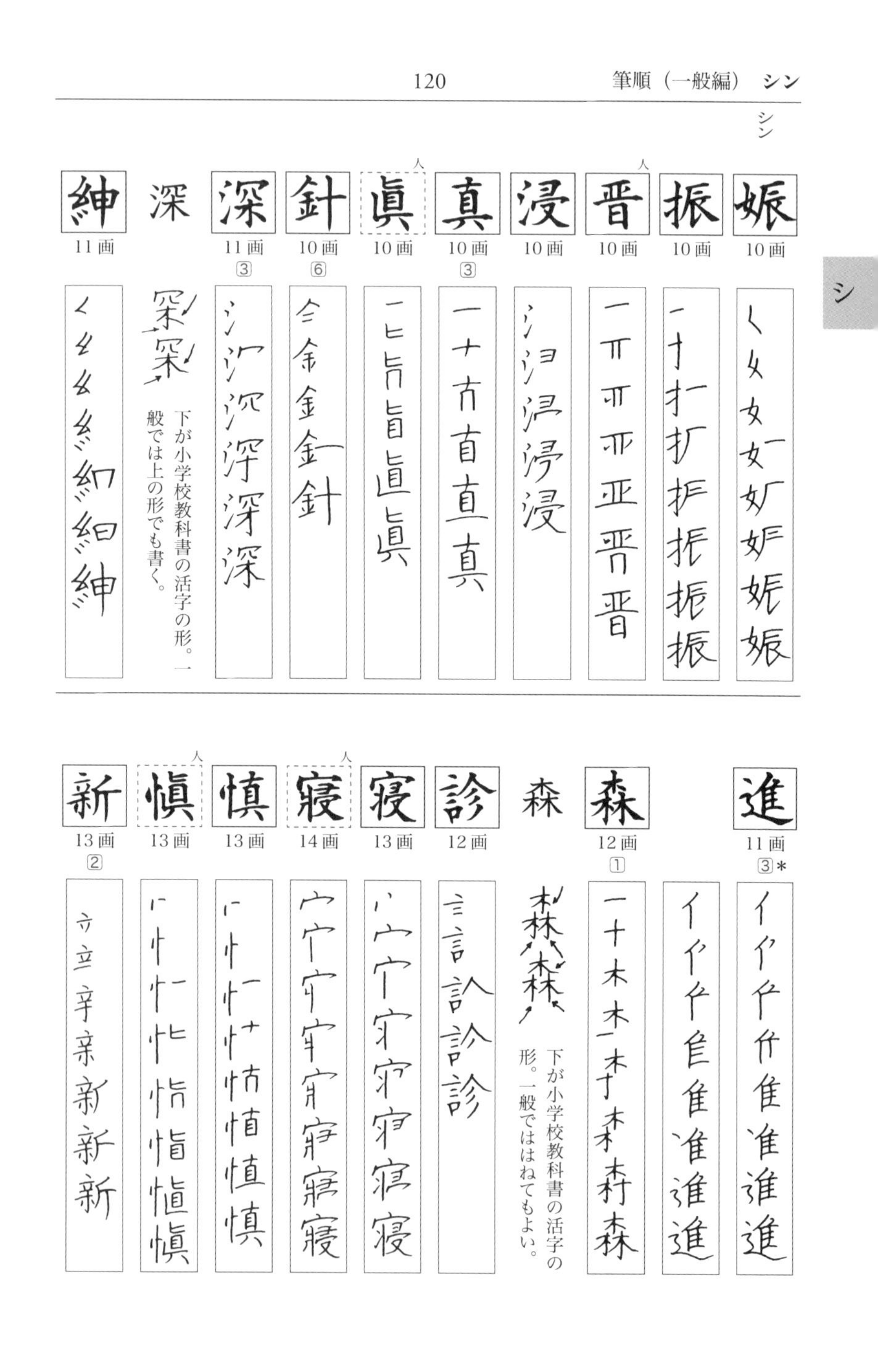

シン

字	画数	学年	備考
娠	10画		
振	10画		
晋	10画		人
浸	10画		
真	10画	③	
眞	10画		人
針	10画	⑥	
深	11画	③	下が小学校教科書の活字の形。一般では上の形でも書く。
紳	11画		

字	画数	学年	備考
進	11画	③*	
森	12画	①	下が小学校教科書の活字の形。一般でははねてもよい。
診	12画		
寝	13画		
寢	14画		人
慎	13画		
愼	13画		人
新	13画	②	

シ

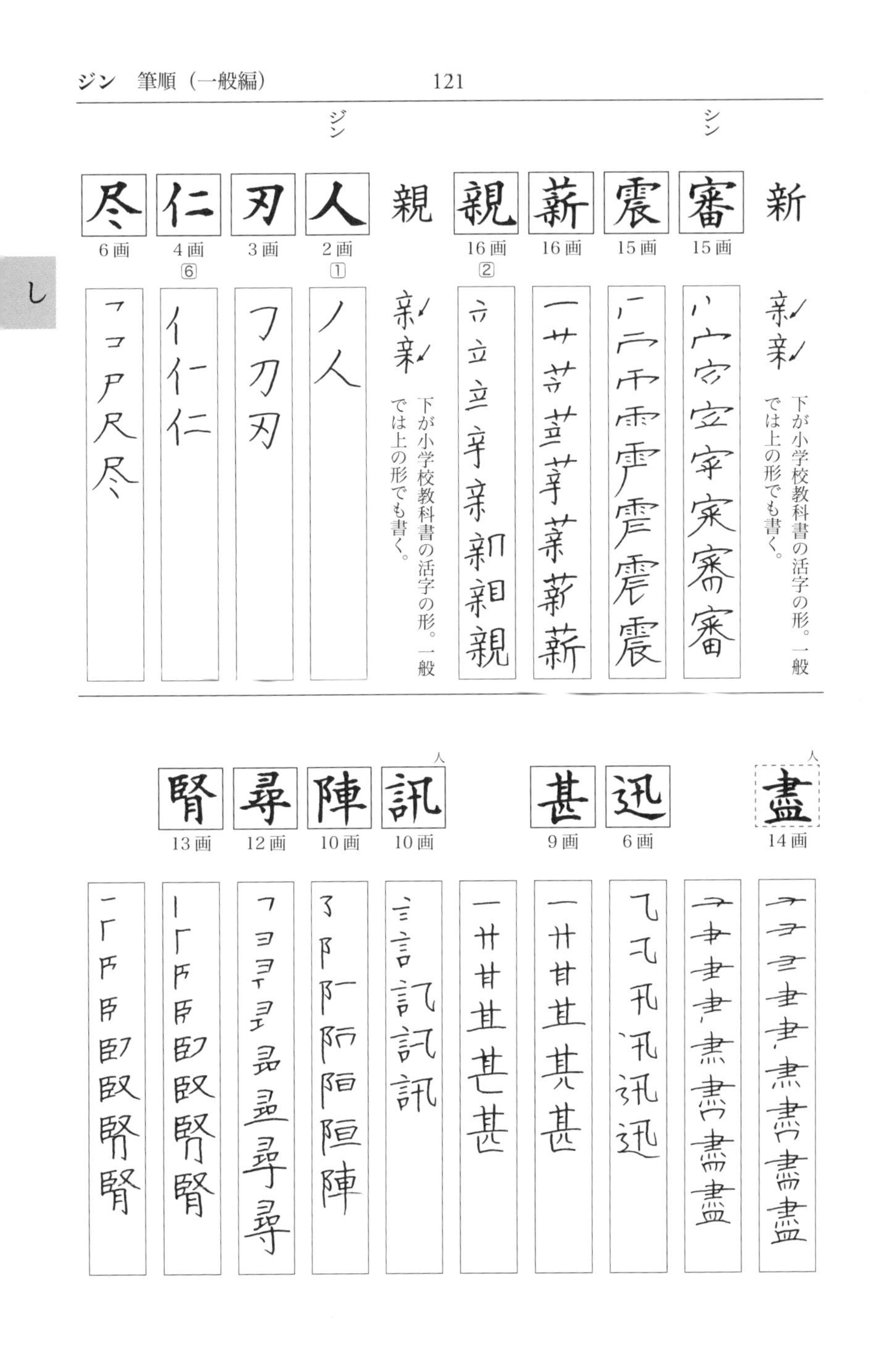

新

下が小学校教科書の活字の形。一般では上の形でも書く。

審《シン》 15画

震 15画

薪 16画

親 16画 ②

親

下が小学校教科書の活字の形。一般では上の形でも書く。

人《ジン》 2画 ①

刃 3画

仁 4画 ⑥

尽 6画

盡 14画 人

迅 6画

甚 9画

訊 10画 人

陣 10画

尋 12画

腎 13画

読み	漢字	画数	学年
ス	須	12画	
ズ	図	7画	②
	圖（旧）	14画	
スイ	水	4画	①
	吹	7画	
	垂	8画	⑥＊
	炊	8画	
	帥	9画	
	粋	10画	

漢字	画数	学年
粹（人）	14画	
衰	10画	
彗（人）	11画	
推	11画	⑥＊
酔	11画	
醉（人）	15画	
遂	12画	
睡	13画	

スイ

翠（人）14画

穂 15画

穗（人）17画

錘（人）16画

ズイ

随 12画

隨（旧）15画

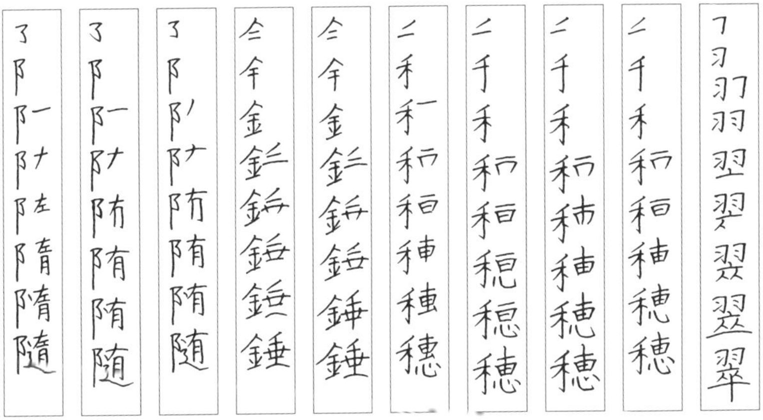

瑞（人）13画

髄 19画

髓（旧）22画

スウ

枢 8画

樞（旧）15画

崇 11画

嵩（人）13画

数 13画 ②

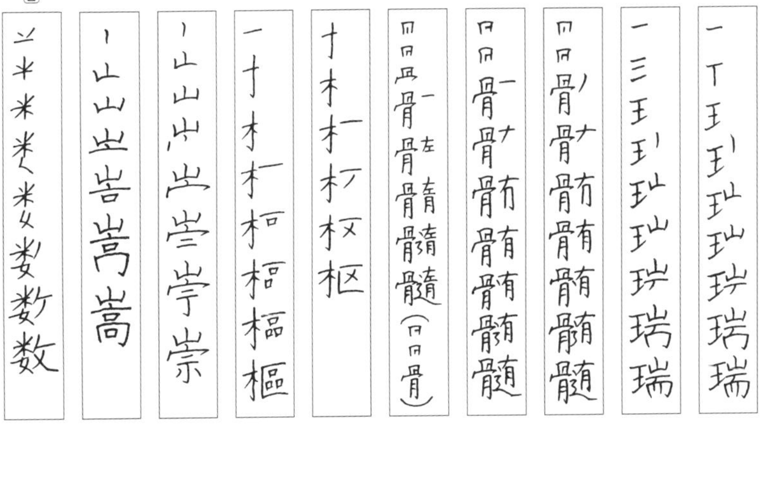

數 旧 15画

すえる 据 11画

すぎ 杉 7画

すそ 裾 13画

スン 寸 3画 ⑥

せ 瀬 19画

瀨 人 19画

ゼ 是 9画

セイ 井 4画 ④

世 5画 ③

正 5画 ①

生 5画 ①＊

成 6画 ④＊

西 6画 ②

声 7画 ②

聲 旧 17画

制 8画 ⑤

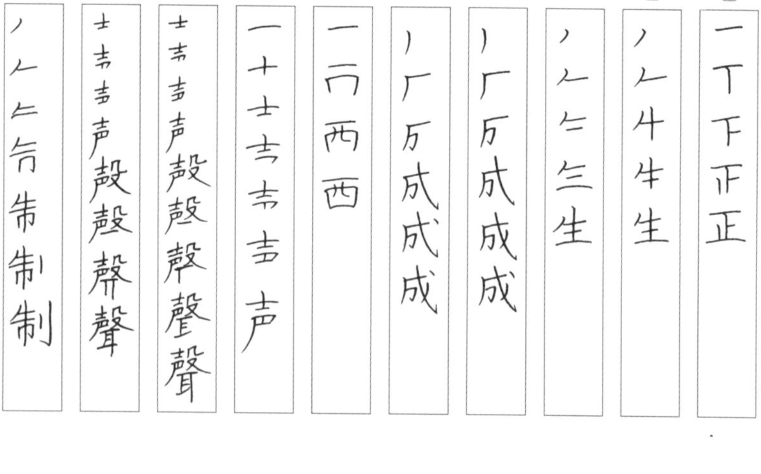

姓　8画

征　8画

性　8画　⑤＊

青　8画　①＊

斉　8画

人　齊　14画

政　9画　⑤

星　9画　②＊

牲　9画

省　9画　④

凄　10画

逝　10画

セイ

清　11画　④＊

盛　11画　⑥

盛

盛盛

上の形が普通であるが、下の形に書いてもよい。

婿　12画

晴　12画　②＊

棲　12画　人

勢　13画　⑤

聖　13画　⑥＊

聖　13画　旧

誠　13画　⑥＊

請　13画　人

精　14画　⑤＊

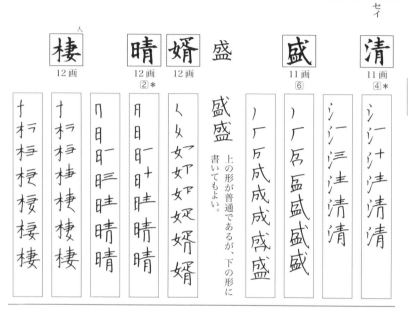

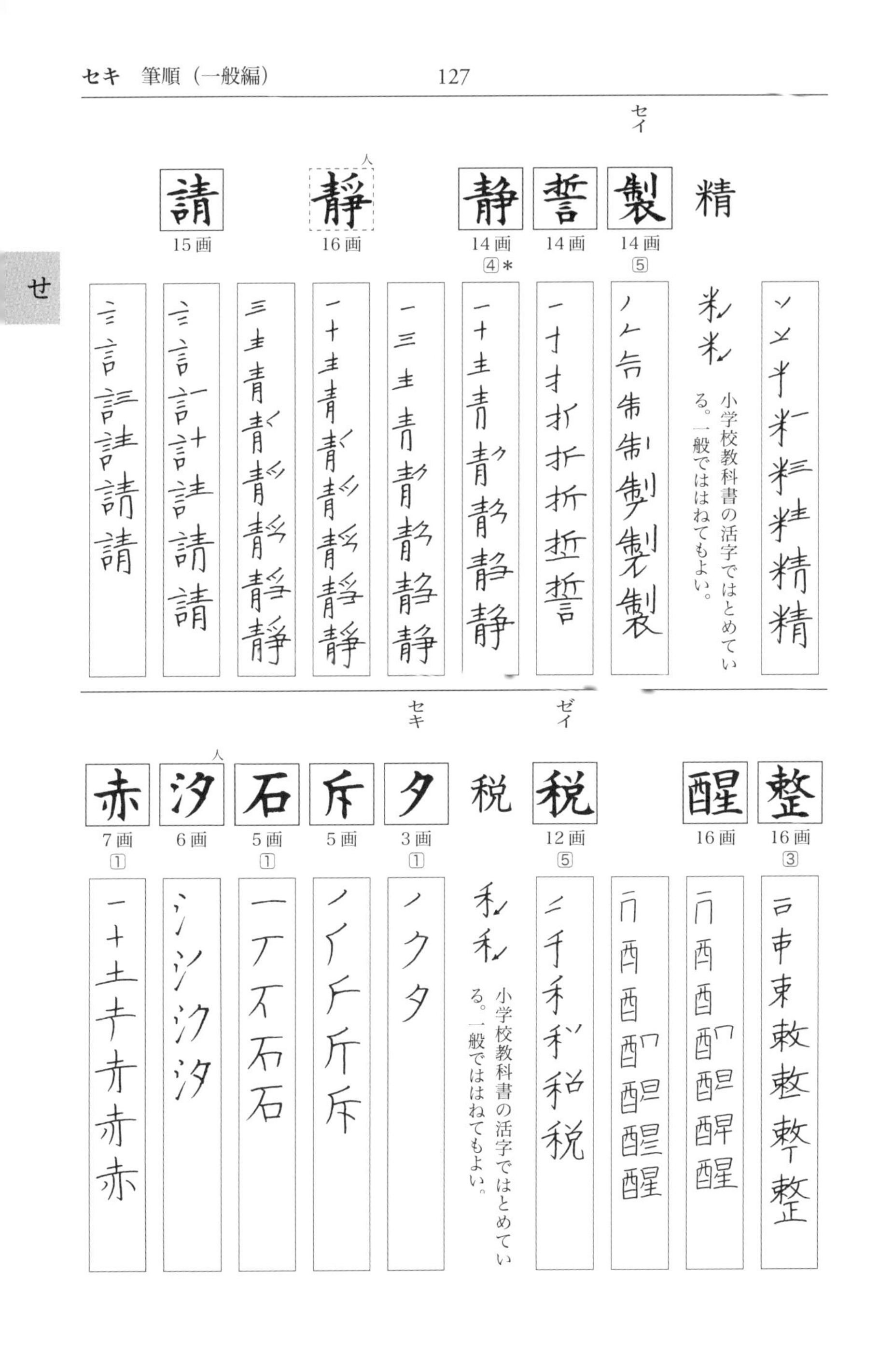

せ

精《セイ》

小学校教科書の活字ではとめている。一般でははねてもよい。

製　14画　⑤

誓　14画

静　14画　④＊

人　靜　16画

請　15画

整　16画　③

醒　16画

税《ゼイ》　12画　⑤

税

小学校教科書の活字ではとめている。一般でははねてもよい。

夕《セキ》　3画　①

斥　5画

石　5画　①

人　汐　6画

赤　7画　①

セキ

昔 8画 ③

析 8画

席 10画 ④

脊 10画

隻 10画

惜 11画

戚 11画

責 11画 ⑤＊

セツ

跡 13画

積 16画 ④＊

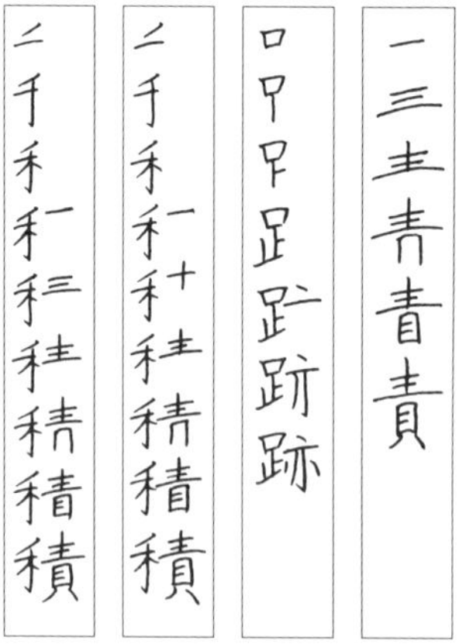

積

小学校教科書の活字ではとめている。一般でははねてもよい。

績 17画 ⑤

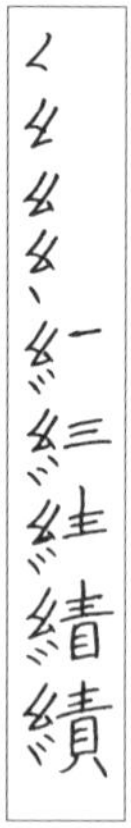

績

下が小学校教科書の活字の形。一般では上の形でも書く。

＊

籍 20画

切 4画 ②

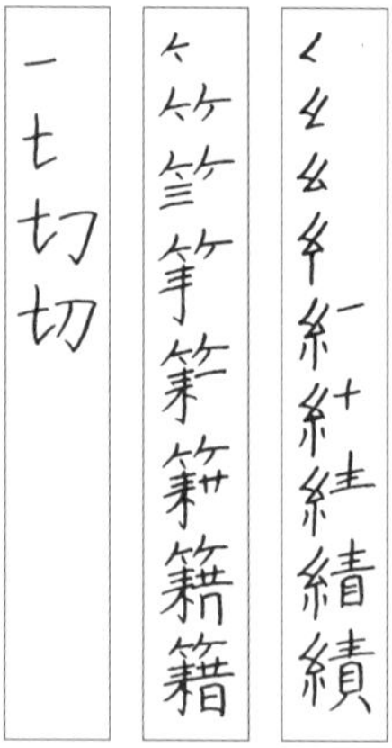

セツ

切

小学校教科書の活字はまんなかの形。一般ではどれでもよい。

折　7画　④

拙　8画

窃　9画

竊（旧）　22画

接　11画　⑤

設　11画　⑤

雪　11画　②

摂　13画

攝（人）　21画

節　13画　④

説　14画　④

ゼツ

舌　6画　⑥

絶　12画　⑤

絶

下が小学校教科書の活字の形。一般では上の形でも書く。

＊

セン

千　3画　①

川　3画　①

セン

仙 5画

占 5画

先 6画 ①

宣 9画 ⑥

専 9画 ⑥＊

專（人） 11画

泉 9画 ⑥

浅 9画 ④＊

淺（旧） 11画

洗 9画 ⑥

染 9画 ⑥

染

下が小学校教科書の活字の形。一般では上の形でも書く。

扇 10画

栓 10画

セン

旋 11画

船 11画 ②

船

小学校教科書の活字でははらっている。一般ではとめてもよい。

戦 13画 ④＊

戰《人》 16画

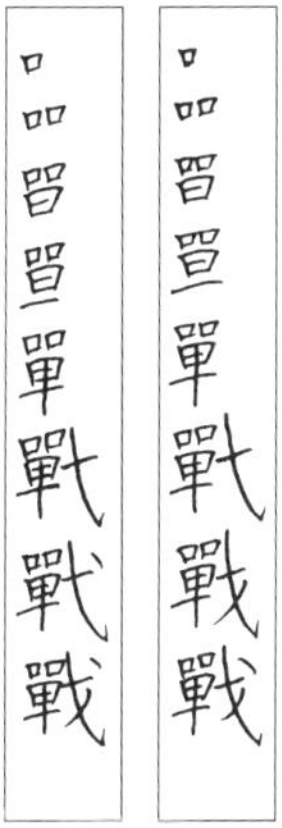

煎 13画

「常用漢字表」では「煎」の形で示されているが、手書きの場合は「煎」と書いてもよいと明示されている。242ページを参照。

羨 13画

腺 13画

詮 13画

「常用漢字表」では「詮」の形で示されているが、手書きの場合は「詮」と書いてもよいと明示されている。242ページを参照。

践 13画

踐《旧》 15画

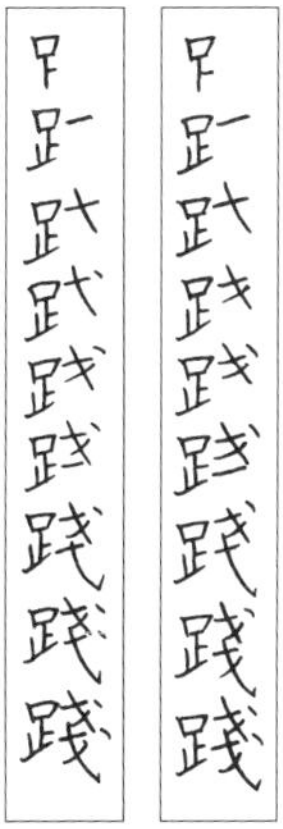

箋 14画

セン

（箋）

「常用漢字表」では、手書きの場合「箋」の形で書いてもよいと明示されている。242ページを参照。

銭 14画 ⑥ *

錢 旧 16画

銑 人 14画

潜 15画

線 15画 ②

線 下が小学校教科書の活字の形。一般では上の形でも書く。

（線） *

遷 15画

選 15画 ④

薦 16画

繊 17画

纖 人 23画

鮮 17画

ゼン

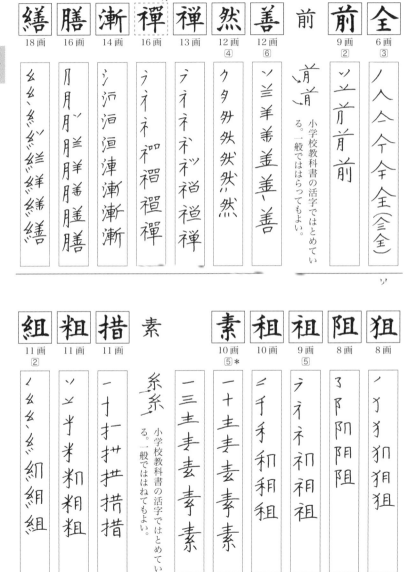

漢字	画数	学年
全	6画	③
前	9画	②
善	12画	⑥
然	12画	④
禅	13画	
禪（人）	16画	
漸	14画	
膳	16画	
繕	18画	

前　小学校教科書の活字でははとめている。一般でははらってもよい。

ソ

漢字	画数	学年
狙	8画	
阻	8画	
祖	9画	⑤
租	10画	
素	10画	⑤*
措	11画	
粗	11画	
組	11画	②

素　小学校教科書の活字でははとめている。一般でははねてもよい。

組

下が小学校教科書の活字の形。一般では上の形でも書く。

*

ソ

疎 12画

訴 12画

塑 13画

遡 13画

「常用漢字表」では「遡」の形で示されているが、手書きの場合は「遡」と書いてもよいと明示されている。

礎 18画

人 蘇 19画

ソウ

双 4画

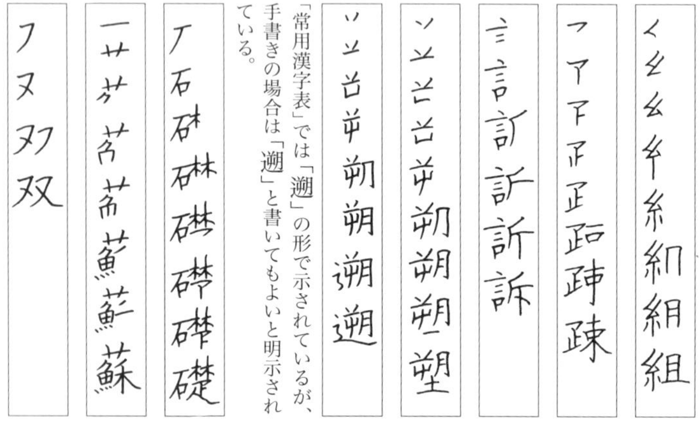

旧 雙 18画

壮 6画

人 壯 7画

早 6画 ①

争 6画 ④

人 爭 8画

走 7画 ②

奏 9画 ⑥

相 9画 ③

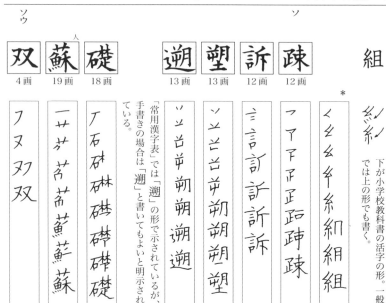

相

小学校教科書の活字ではとめている。一般でははねてもよい。

ソウ

- 荘　9画
- 莊　人　10画
- 草　9画　①
- 送　9画　③
- 倉　10画　④
- 捜　10画
- 搜　人　13画
- 挿　10画

- 插　旧　12画
- 桑　10画
- 巣　11画　④
- 巢　人　11画
- 掃　11画
- 曹　11画
- 曽　11画
- 曾　人　12画

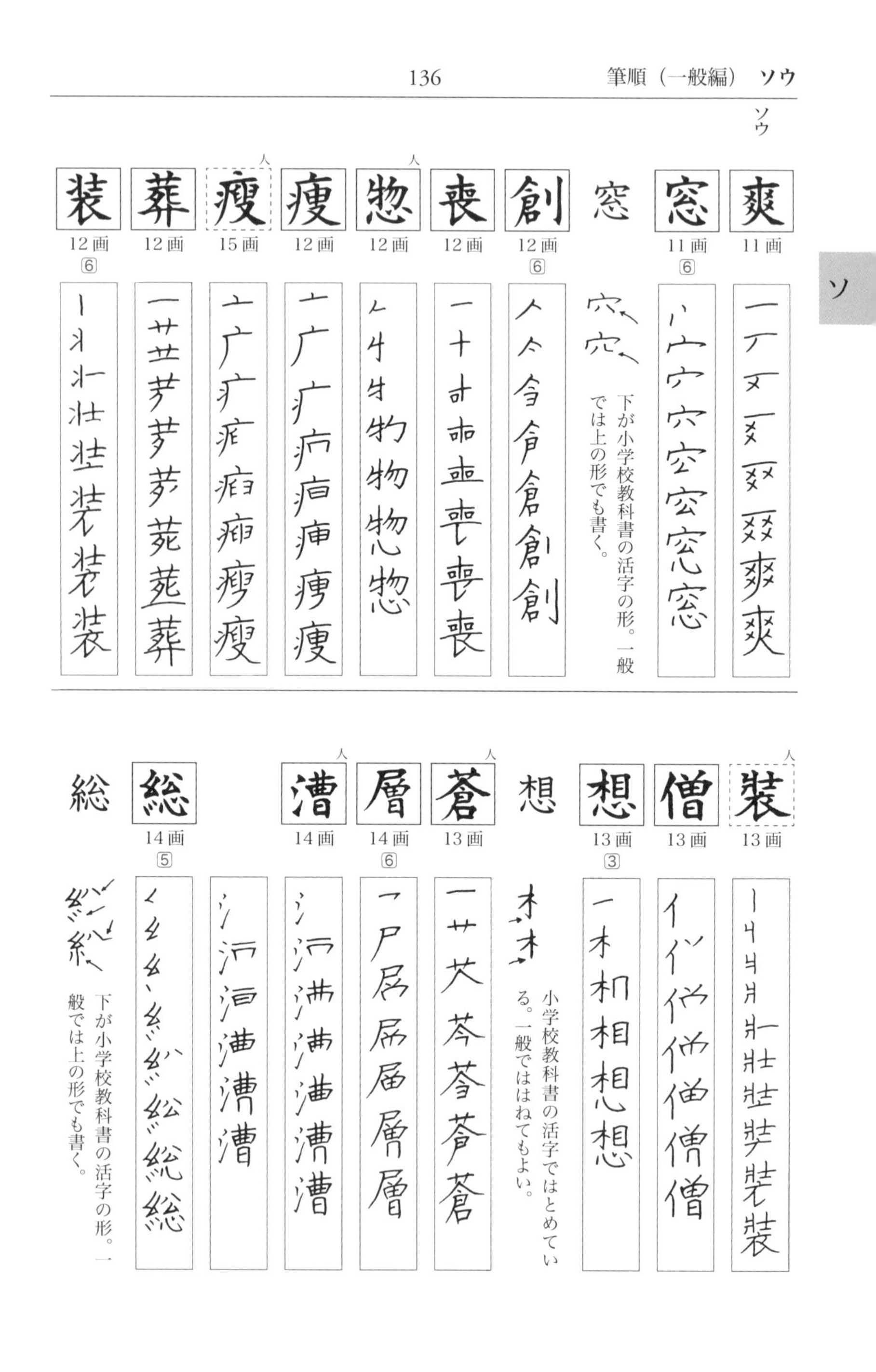

ソウ

爽 11画

窓 11画 ⑥

窓

下が小学校教科書の活字の形。一般では上の形でも書く。

創 12画 ⑥

喪 12画

惣 人 12画

痩 12画

瘦 人 15画

葬 12画

装 12画 ⑥

裝 人 13画

僧 13画

想 13画 ③

想

小学校教科書の活字ではとめている。一般でははねてもよい。

蒼 人 13画

層 14画 ⑥

漕 人 14画

総 14画 ⑤

総

下が小学校教科書の活字の形。一般では上の形でも書く。

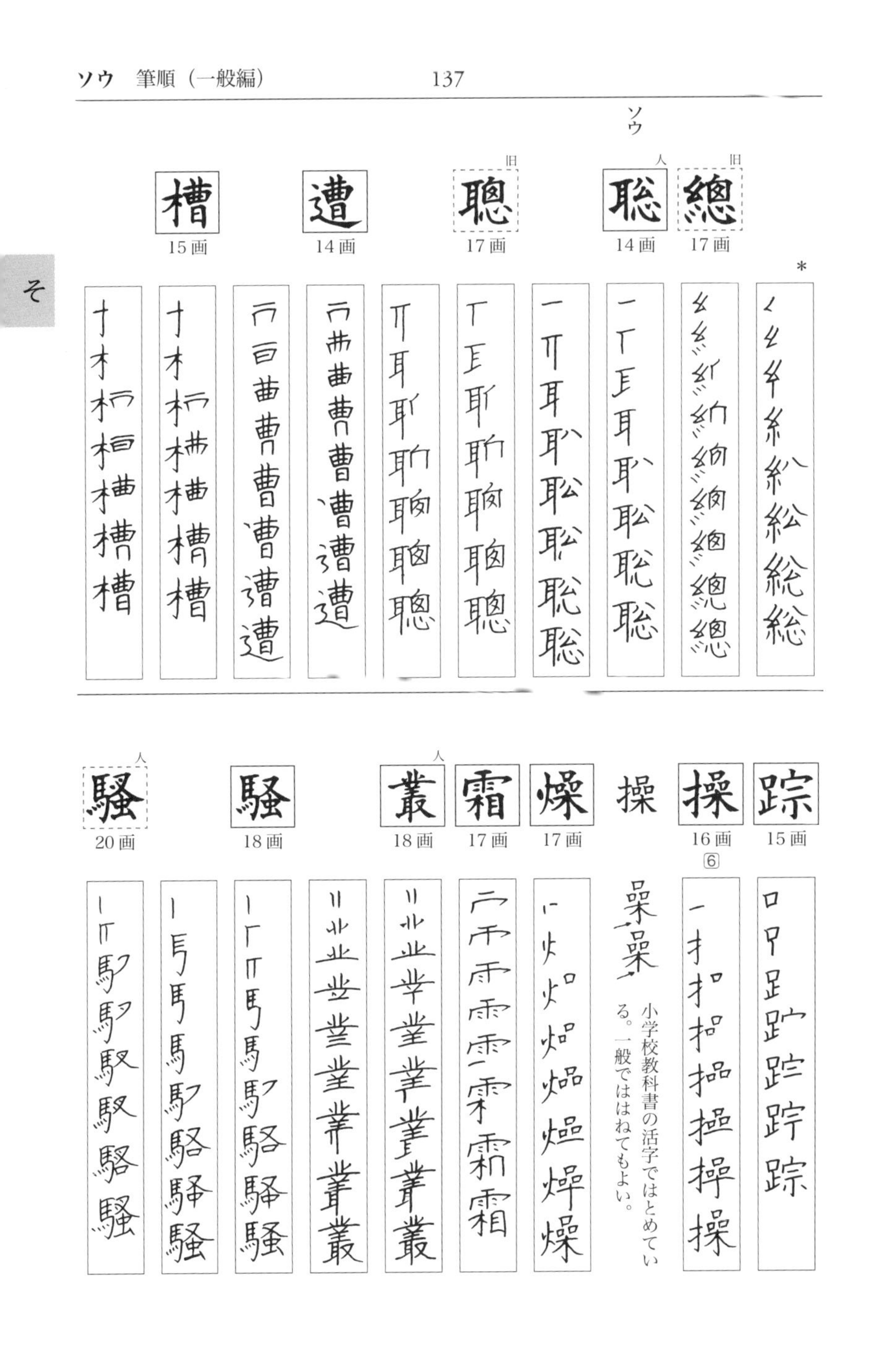

ソウ

總[旧] 17画 ＊

聡[人] 14画

聰[旧] 17画

遭 14画

槽 15画

踪 15画

操 16画 ⑥

操

小学校教科書の活字ではとめている。一般でははねてもよい。

燥 17画

霜 17画

叢[人] 18画

騒 18画

騷[人] 20画

藻《ソウ》 19画

造《ゾウ》 10画 ⑤

像 14画 ⑤

増 14画 ⑤

憎 14画

蔵 15画 ⑥＊

藏（人） 18画

贈 18画

臓 19画 ⑥＊

臟（人） 22画

即《ソク》 7画

束 7画 ④

足 7画 ①

促 9画

則 9画 ⑤

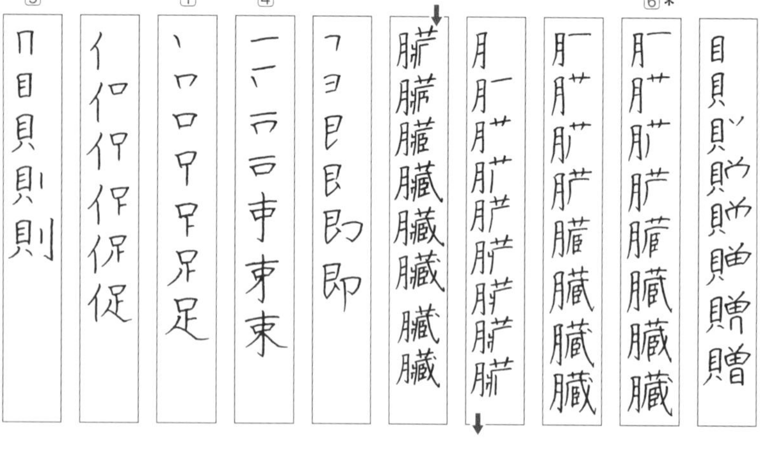

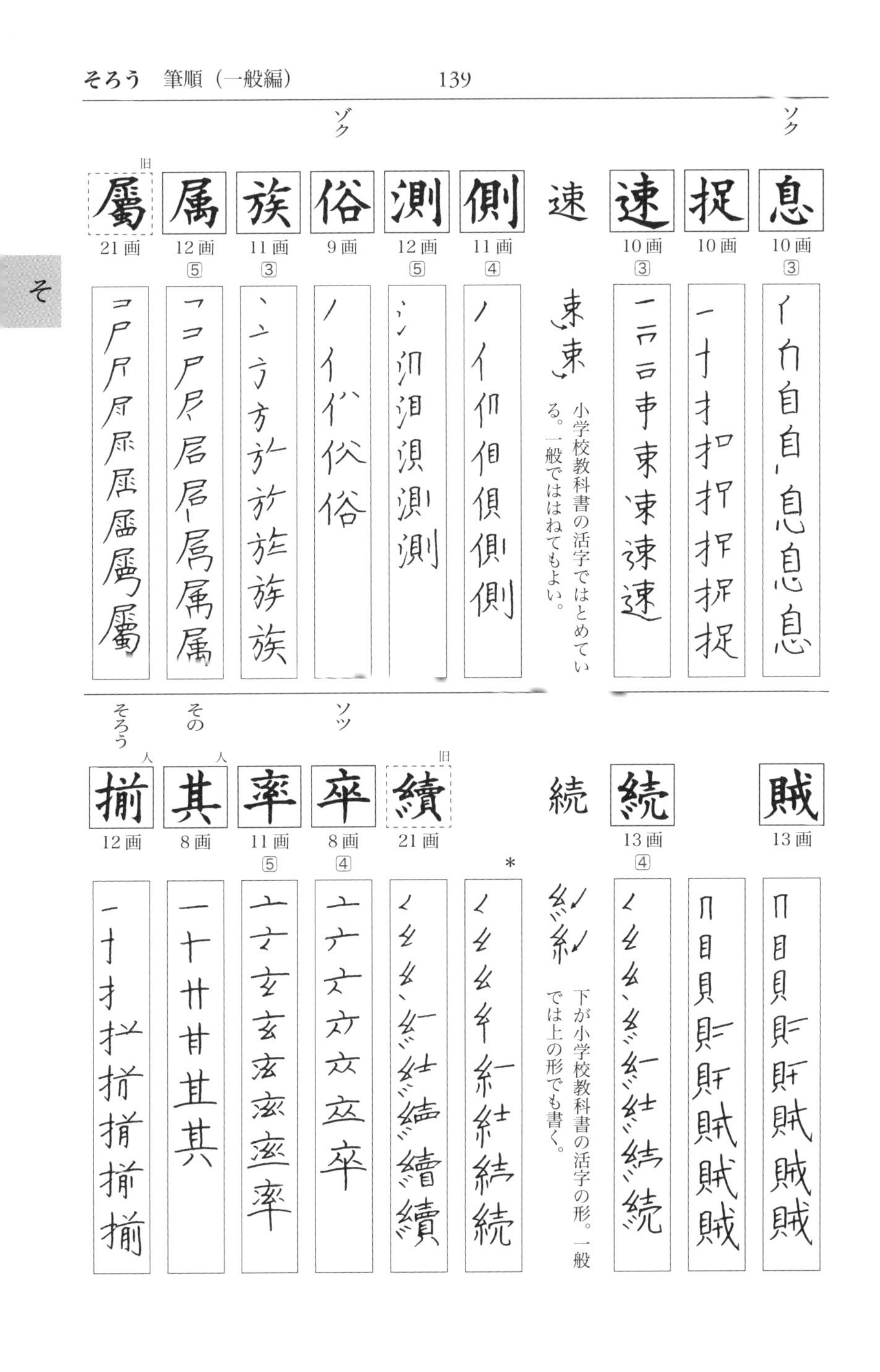

息《ソク》 10画 ③

捉 10画

速 10画 ③

速　小学校教科書の活字でははとめている。一般でははねてもよい。

側 11画 ④

測 12画 ⑤

俗《ゾク》 9画

族 11画 ③

属 12画 ⑤

屬 旧 21画

賊 13画

続 13画 ④

続 ＊　下が小学校教科書の形。一般では上の形でも書く。

續 旧 21画

卒《ソツ》 8画 ④

率 11画 ⑤

其《その》 人 8画

揃《そろう》 人 12画

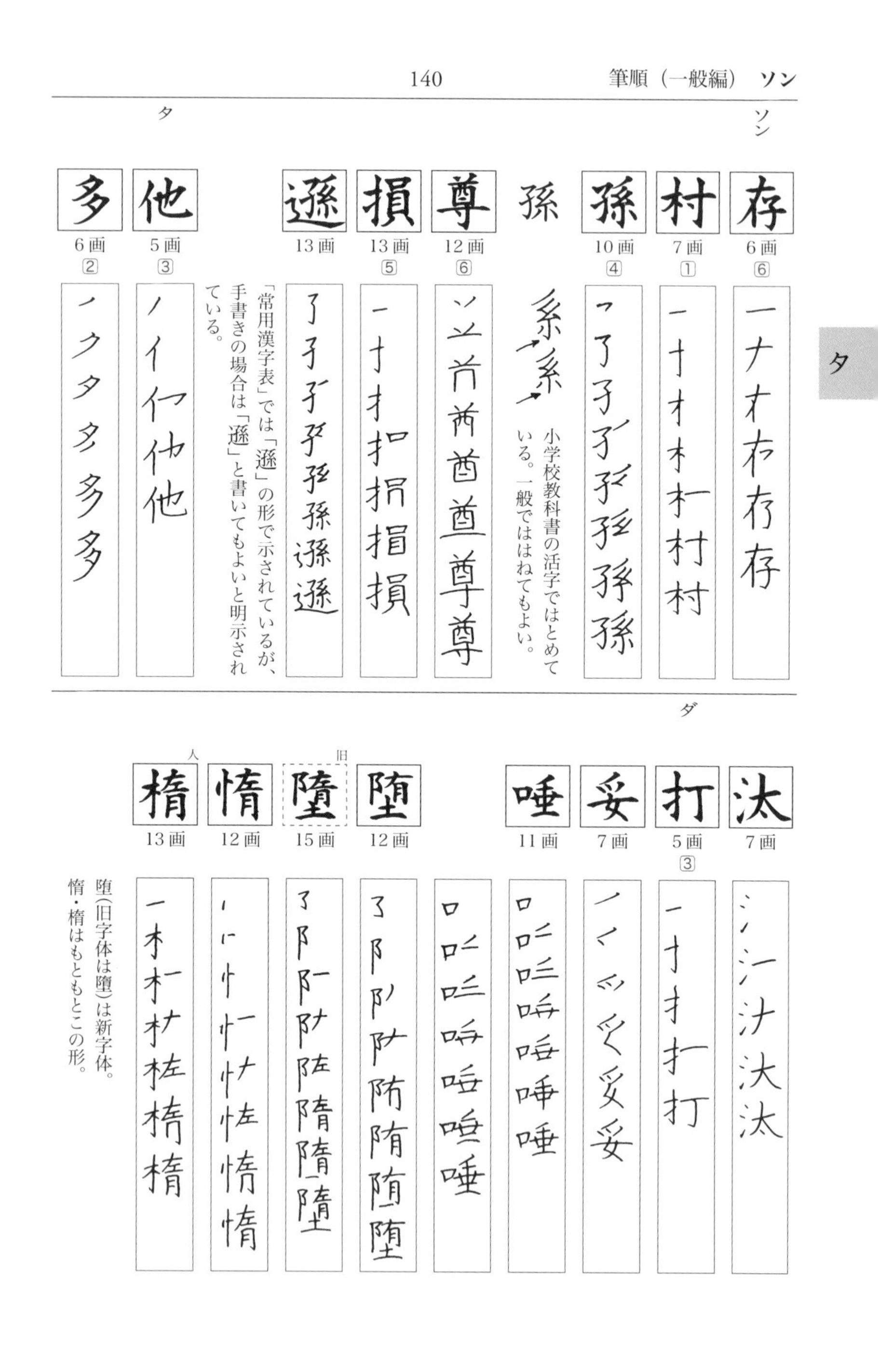

ソン

存　6画　⑥

村　7画　①

孫　10画　④

孫

小学校教科書の活字ではとめている。一般でははねてもよい。

尊　12画　⑥

損　13画　⑤

遜　13画

「常用漢字表」では「遜」の形で示されているが、手書きの場合は「遜」と書いてもよいと明示されている。

タ

他　5画　③

多　6画　②

ダ

汰　7画

打　5画　③

妥　7画

唾　11画

堕　12画

墮（旧）　15画

惰　12画

楕（人）　13画

堕(旧字体は墮)は新字体。惰・楕はもともとこの形。

た

ダ

駄　14画

タイ

太　4画　②

対　7画　③

對（旧）　14画

体　7画　②

體（旧）　23画

耐　9画

待　9画　③

怠　9画

胎　9画

退　9画　⑥

帯　10画　④

帶（人）　11画

泰　10画

堆　11画

タイ

字	画数	学年
袋	11画	
逮	11画	
替	12画	
貸	12画	⑤
隊	12画	④
滞	13画	
滯（人）	14画	
態	14画	⑤

下が小学校教科書の活字の形。一般では上の形でも書く。

字	読み	画数	学年
戴		17画	
鯛（人）	たい	19画	
乃（人）	ダイ	2画	
大		3画	①
代		5画	③
台		5画	②
臺（旧）		14画	
第		11画	③

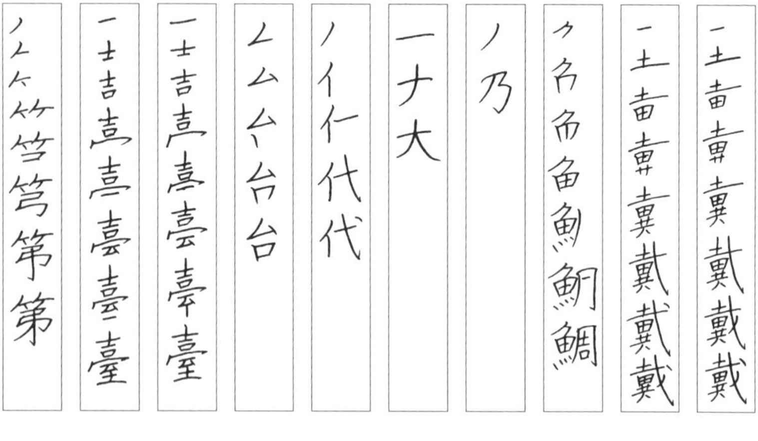

第

小学校教科書の活字でははねている。一般でははねてもよい。

ダイ
題　18画　③

だいだい
橙（人）　16画

たか
鷹（人）　24画

たき
滝　13画

瀧（人）　19画

タク
宅　6画　⑥

托（人）　6画

択　7画

擇（旧）　16画

沢　7画

澤（旧）　16画

卓　8画

拓　8画

託　10画

琢（人）　11画

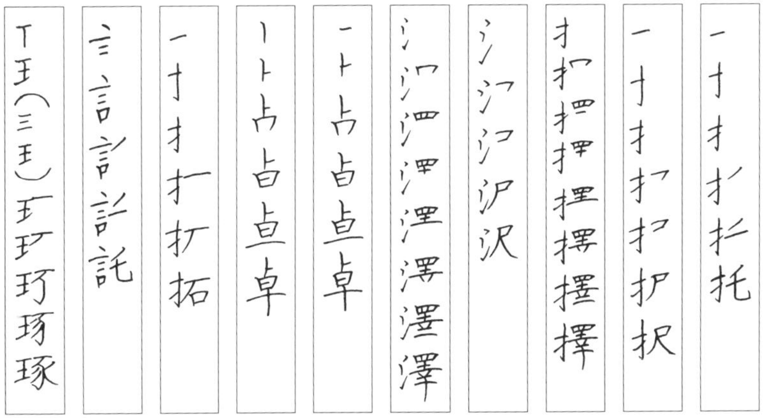

琢	濯	諾	濁	赳	只	但	達
人	タク	ダク		たけし 人	ただ 人	ただし	タツ
12画	17画	15画	16画	10画	5画	7画	12画 ④
丅 王 玎 玎 琢 琢 琢 琢 ／ 三 王 玎 玎 琢 琢 琢 琢	氵 汈 汩 浬 濯 濯 濯 ／ 氵 汈 汩 浬 濯 濯 濯	言 言 訁 訐 諾 諾 諾	氵 汇 泗 濁 濁 濁	一 十 土 キ 赤 走 赴 赳	｜ 口 口 尸 只	ノ イ 仞 但 但	一 十 土 去 幸 幸 達 達

脱	奪	棚	誰	丹	旦	坦	担
ダツ		たな	だれ	タン		人	
11画	14画	12画	15画	4画	5画	8画	8画 ⑥
刀 月 肜 脱 脱	大 夵 奞 奞 奪 奪 ／ 一 大 夵 奞 奞 奪 奪	一 十 木 杌 相 棚 棚	言 言 訁 訁 誰 誰 ／ 言 言 訁 訁 誰 誰	ノ 冂 冂 丹	｜ 冂 日 旦	一 土 圵 坦 坦	一 十 扌 扣 担 担

タン

	擔	単	單	炭	胆	膽	耽	探	探	淡
	旧		人			旧				
画数	16画	9画	12画	9画	9画	17画	10画	11画		11画
学年		④		③				⑥		

小学校教科書の活字ではとめている。一般でははねてもよい。

ダン

	短	嘆	嘆	端	綻	誕	鍛	団	團	男
			人						人	
画数	12画	13画	14画	14画	14画	15画	17画	6画	14画	7画
学年	③					⑥		⑤		①

ダン

段　9画　⑥

断　11画　⑤

斷（旧）　18画

弾　12画

彈（人）　15画

暖　13画　⑥

談　15画　③

壇　16画

チ

地　6画　②

池　6画　②

知　8画　②

値　10画　⑥

恥　10画

致　10画

智（人）　12画

遅　12画

遲（旧）　15画

痴　13画

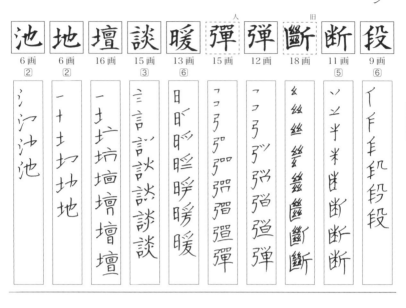

ち

チ

癡（旧）19画
稚 13画
置 13画 ④
馳（人）13画
緻 16画

チク

竹 6画 ①
畜 10画

逐 10画
蓄 13画
築 16画 ⑤

築

小学校教科書の活字ではとめている。一般でははねてもよい。

チツ

秩 10画
窒 11画

チャ

茶 9画 ②

茶

小学校教科書の活字ではとめている。一般でははねてもよい。

チャク

着 12画 ③

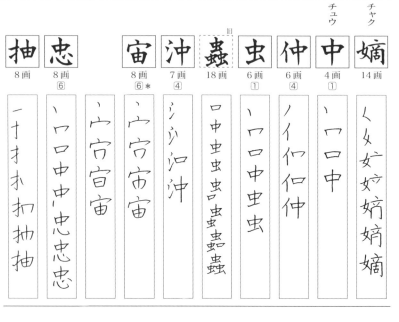

嫡《チャク》 14画

中《チュウ》 4画 ①

仲 6画 ④

虫 6画 ①

蟲（旧） 18画

沖 7画 ④

宙 8画 ⑥＊

忠 8画 ⑥

抽 8画

注 8画 ③＊

昼 9画 ②

晝（人） 11画

柱 9画 ③＊

柱 小学校教科書の活字ではとめている。一般でははねてもよい。

衷 9画

酎 10画

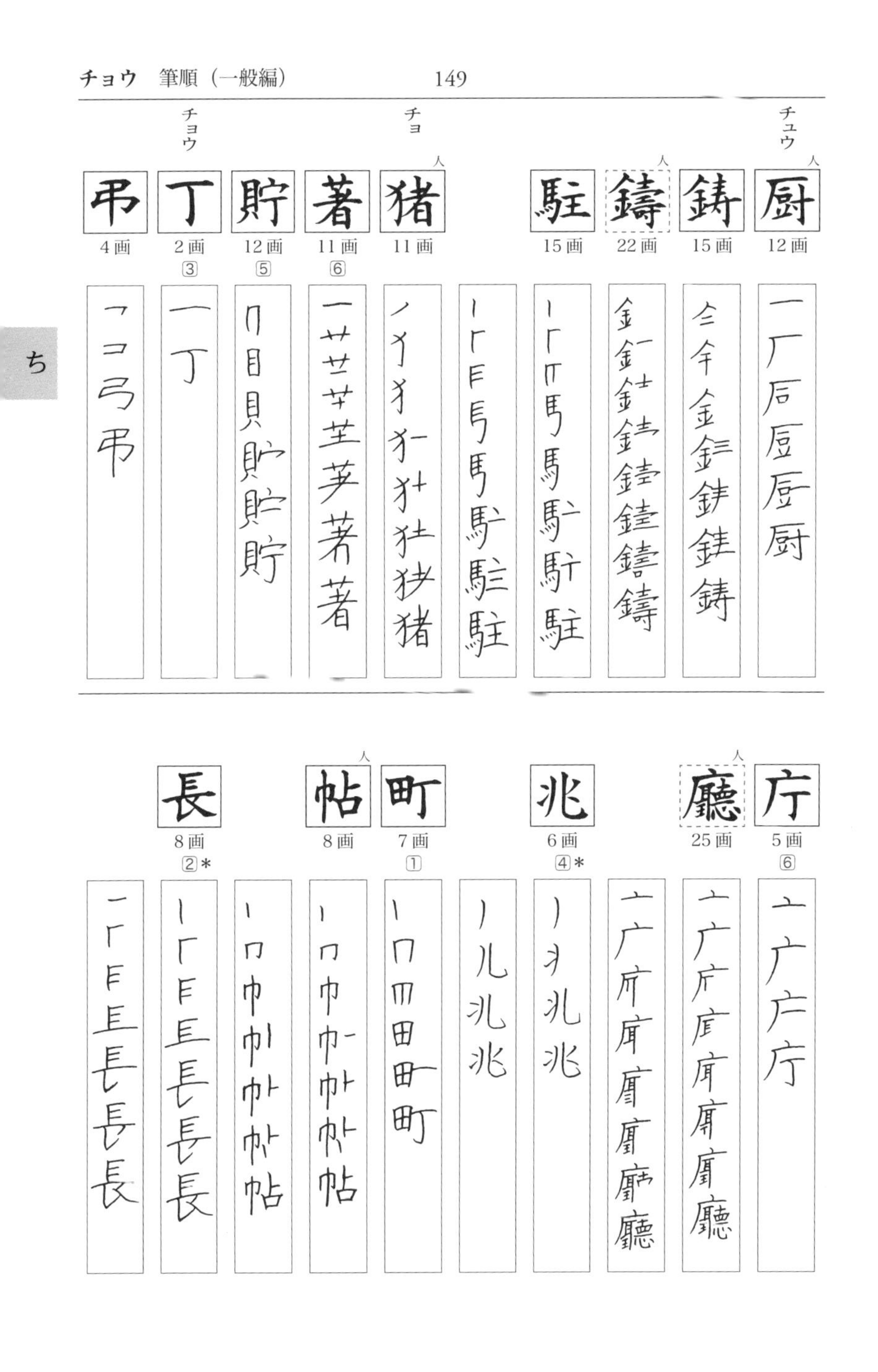

チュウ

字	画数	学年
厨（人）	12画	
鋳	15画	
鑄（人）	22画	
駐	15画	

チョ

字	画数	学年
猪（人）	11画	
著	11画	⑥
貯	12画	⑤

チョウ

字	画数	学年
丁	2画	③
弔	4画	
庁	5画	⑥
廳（人）	25画	
兆	6画	④＊
町	7画	①
帖（人）	8画	
長	8画	②＊

チョウ

挑 9画

帳 11画 ③＊

張 11画 ⑤＊

彫 11画

眺 11画

釣 11画

頂 11画 ⑥

鳥 11画 ②

朝 12画 ②

人 **脹** 12画

貼 12画

超 12画

腸 13画 ⑥

跳 13画

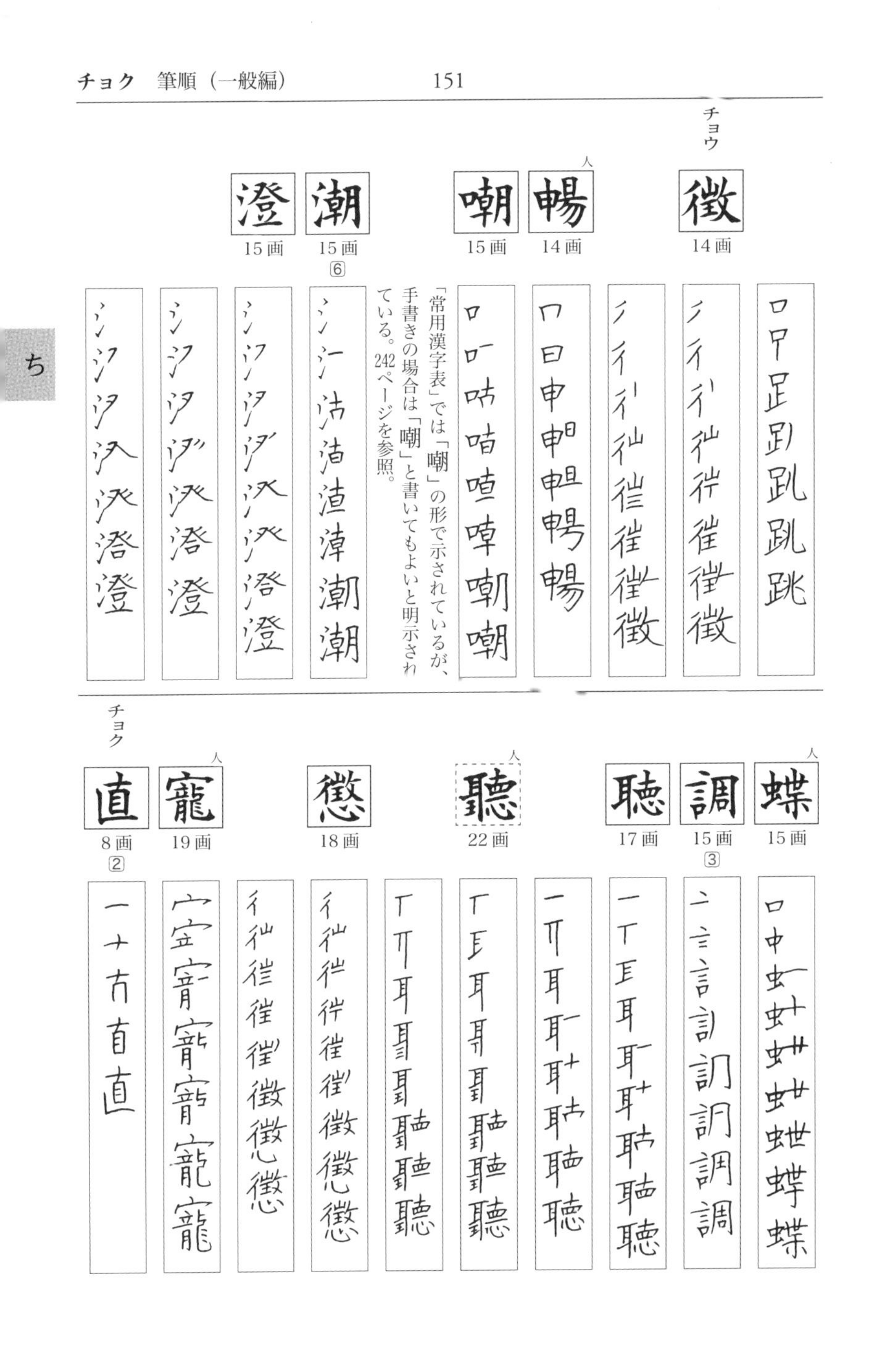

跳

チョウ

徴 14画

暢 人 14画

嘲 15画

「常用漢字表」では「嘲」の形で示されているが、手書きの場合は「嘲」と書いてもよいと明示されている。242ページを参照。

潮 15画 ⑥

澄 15画

蝶 人 15画

調 15画 ③

聴 17画

聽 人 22画

懲 18画

寵 人 19画

チョク

直 8画 ②

チョク

勅 9画

敕（旧） 11画

捗 11画

「常用漢字表」では「捗」の形で示されているが、手書きの場合「捗」の形で書いてもよいと明示されている。242ページを参照。

チン

沈 7画

珍 9画

朕 10画

陳 11画

椿（人） 13画

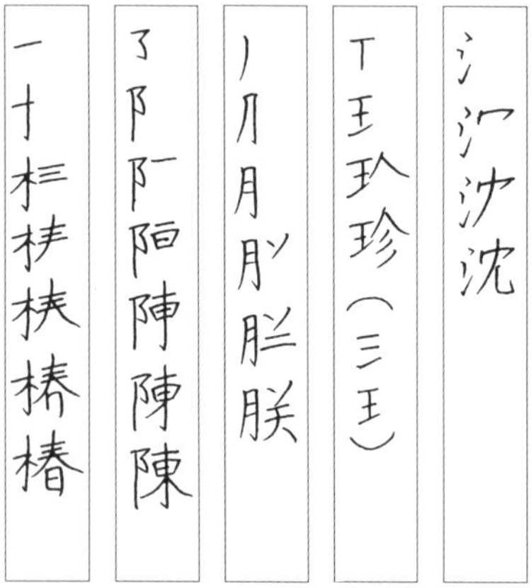

賃 13画 ⑥

鎮 18画

鎭（人） 18画

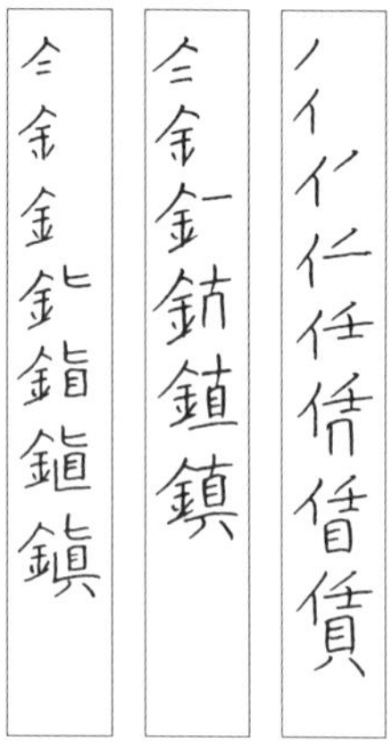

ツイ

追 9画 ③

椎 12画

墜 15画

ツウ

通 10画 ②

痛 12画 ⑥

つか

塚 12画

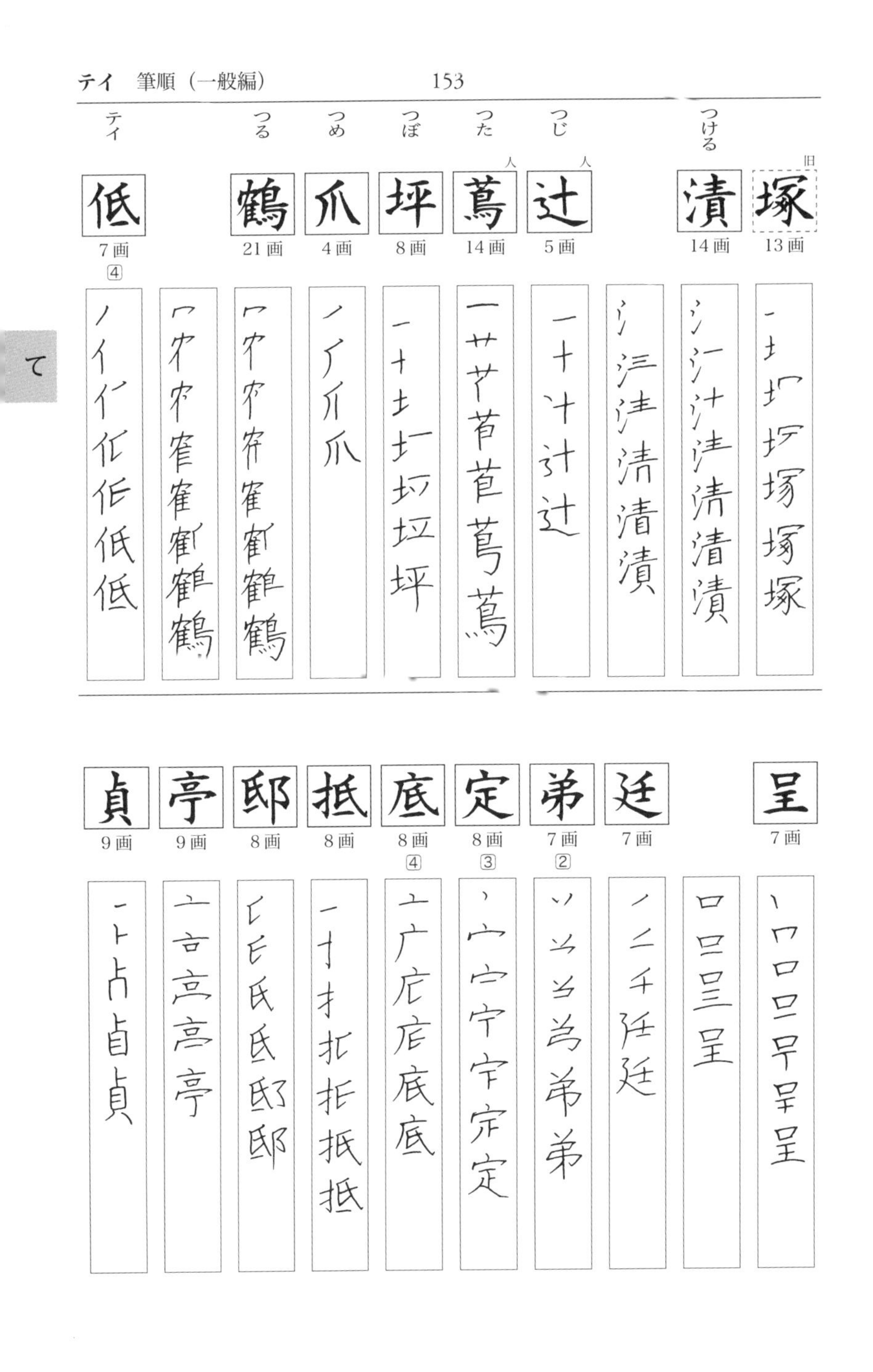

塚（旧） 13画

漬《つける》 14画

辻《つじ》（人） 5画

蔦《つた》（人） 14画

坪《つぼ》 8画

爪《つめ》 4画

鶴《つる》 21画

低《テイ》 7画 ④

呈 7画

廷 7画

弟 7画 ②

定 8画 ③

底 8画 ④

抵 8画

邸 8画

亭 9画

貞 9画

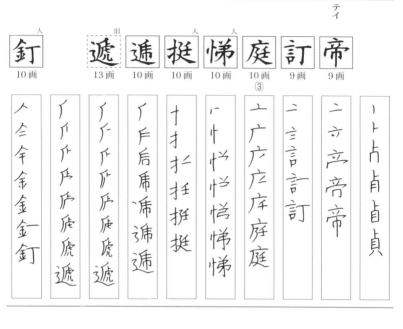

テイ

帝　9画
丨 卜 占 貞 貞
亠 立 产 帝 帝

訂　9画
亠 言 言 訂 訂

庭　10画　③
亠 广 广 庄 庄 庭 庭

悌（人）　10画
忄 忄 忄 悌 悌 悌

挺（人）　10画
扌 扌 扌 扗 挺 挺

逓　10画
厂 斤 后 乕 乕 遞 逓

遞（旧）　13画
厂 斤 斤 斤 斤 斤 虎 遞
厂 斤 斤 斤 斤 斤 虎 遞

釘（人）　10画
人 ⺈ 今 余 金 釒 釘

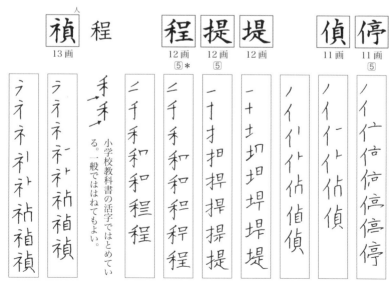

停　11画　⑤
丿 亻 亻 伫 伫 信 信 停

偵　11画
丿 亻 亻 亻 佔 偵
丿 亻 亻 亻 佔 偵 偵

堤　12画
一 十 土 坦 坦 埕 埕 堤

提　12画　⑤
一 十 扌 扣 捍 捍 提 提

程　12画　⑤*
二 千 禾 和 和 和 和 程
二 千 禾 和 和 程 程

程
禾 禾
小学校教科書の活字ではとめている。一般でははねてもよい。

禎（人）　13画
ラ ネ ネ 礻 祁 祯 禎 禎
ラ ネ ネ 礻 礻 祯 禎 禎

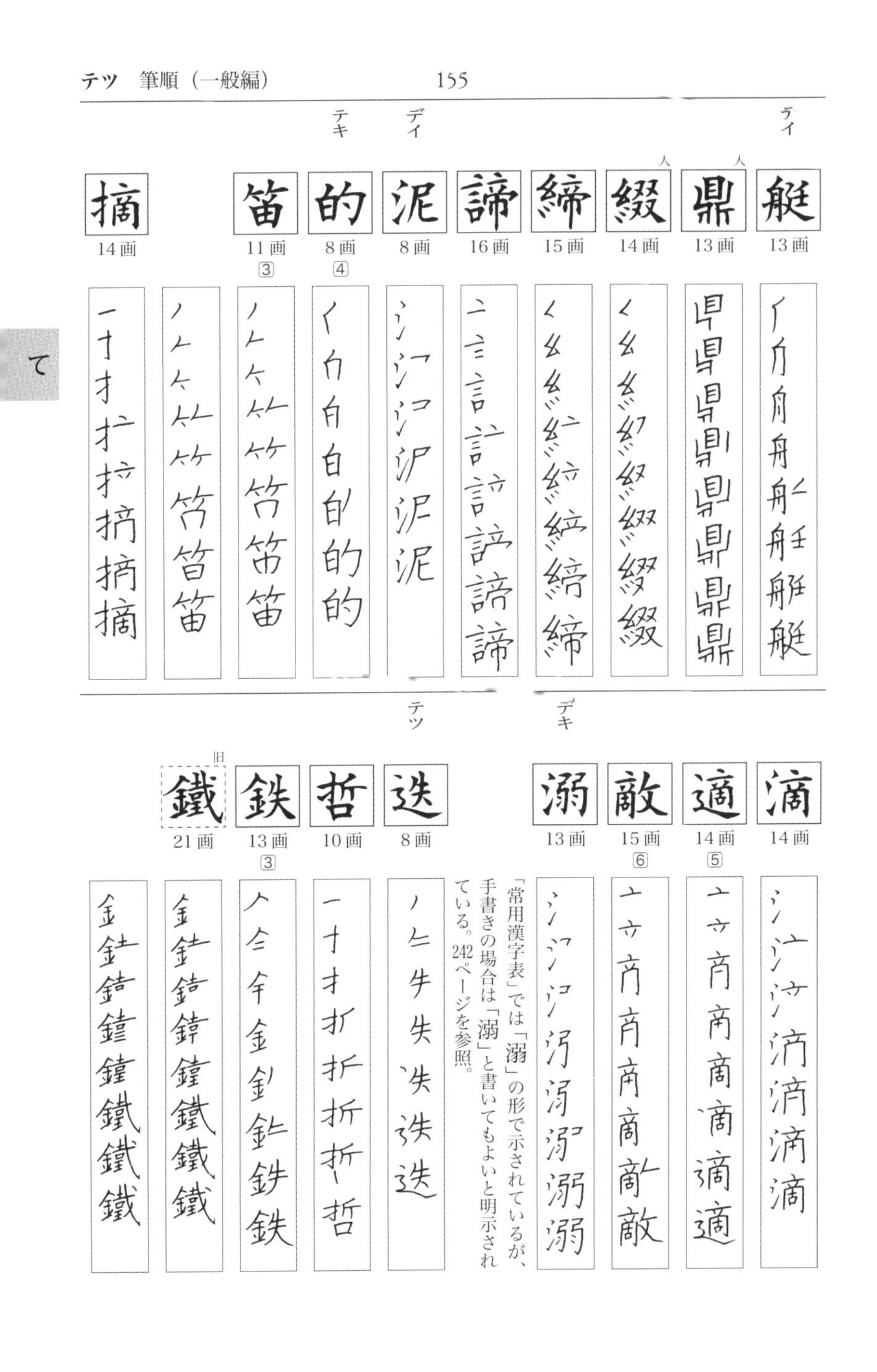

艇《テイ》 13画

鼎 人 13画

綴 人 14画

締 15画

諦 16画

泥《デイ》 8画

的《テキ》 8画 ④

笛 11画 ③

摘 14画

滴 14画

適 14画 ⑤

敵 15画 ⑥

溺《デキ》 13画

「常用漢字表」では「溺」の形で示されているが、手書きの場合は「溺」と書いてもよいと明示されている。242ページを参照。

迭《テツ》 8画

哲 10画

鉄 13画 ③

鐵 旧 21画

徹《テツ》 15画

撤 15画

天《テン》 4画 ①

天

小学校教科書の活字は下の横棒が短い。一般では長くも書く。

典 8画 ④＊

店 8画 ②

＊

点 9画 ②

＊

旧 **點** 16画

展 10画 ⑥

添 11画

転 11画 ③

人 **轉** 18画

塡 13画

「常用漢字表」では、手書きの場合「填」の形で書いてもよいと明示されている。242ページを参照。

田《デン》 5画 ①

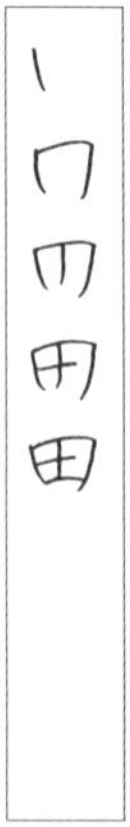

伝 6画 ④

デン

- 傳（人）　13画
- 殿　13画
- 電　13画　②

ト

- 斗　4画
- 吐　6画
- 兎（人）　7画
- 妬　8画
- 徒　10画　④
- 途　10画
- 都　11画　③

- 渡　12画
- 塗　13画
- 賭　15画

「常用漢字表」では「賭」の形で示されているが、手書きの場合「賭」の形で書いてもよいと明示されている。242ページを参照。

ド

- 土　3画　①
- 奴　5画
- 努　7画　④
- 度　9画　③
- 怒　9画

トウ

- 刀　2画　②

トウ

冬 5画 ②
灯 6画 ④
燈（人） 16画
当 6画 ②
當（旧） 13画
投 7画 ③
豆 7画 ③
東 8画 ②

東

小学校教科書の活字ではとめている。一般ではははねてもよい。

到 8画
逃 9画
倒 10画
凍 10画
唐 10画

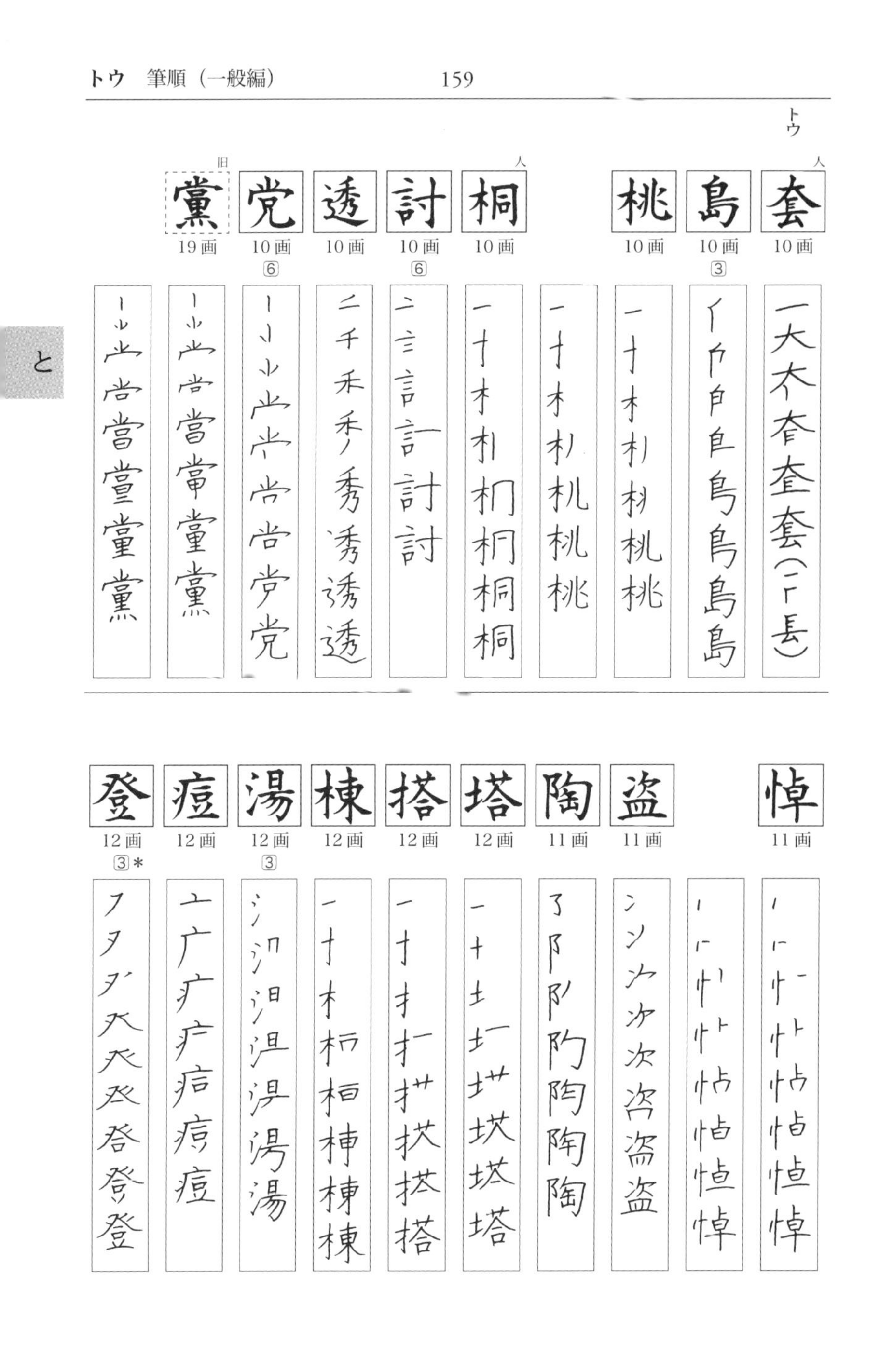

トウ

字	画数	備考
套	10画	人
島	10画	③
桃	10画	
桐	10画	人
討	10画	⑥
透	10画	
党	10画	⑥
黨	19画	旧
悼	11画	
盗	11画	
陶	11画	
塔	12画	
搭	12画	
棟	12画	
湯	12画	③
痘	12画	
登	12画	③＊

と

答《トウ》 12画 ②

等 12画 ③

筒 12画

統 12画 ⑤

統 *

稲 14画

稻 人 15画

下が小学校教科書の活字の形。一般では上の形でも書く。

踏 15画

糖 16画 ⑥*

頭 16画 ②

謄 17画

藤 18画

闘 18画

騰 20画

同《ドウ》 6画 ②

洞 9画

胴 10画

動 11画 ③＊

堂 11画 ⑤

童 12画 ③＊

道 12画 ②

働 13画 ④＊

銅 14画 ⑤

導 15画 ⑤

瞳 17画

峠《とうげ》 9画

匿《トク》 10画

特 10画 ④

特

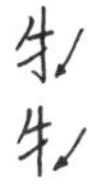

小学校教科書の活字ではとめている。一般でははねてもよい。

トク

得　11画　⑤

督　13画

徳　14画　④

篤　16画

ドク

毒　8画　⑤＊

独　9画　⑤

獨（旧）　16画

読　14画　②

讀（旧）　22画

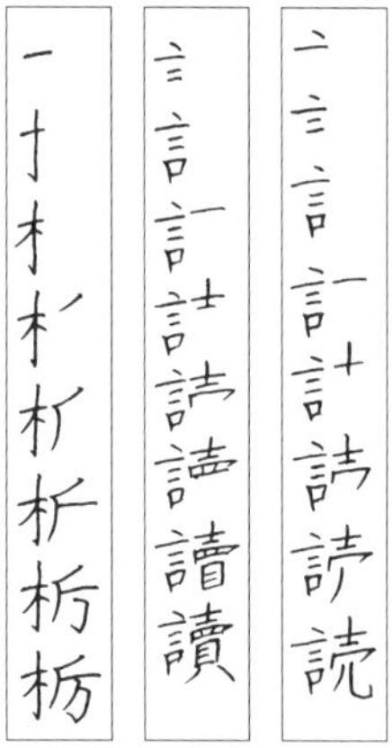

とち

栃　9画　④

栃

小学校教科書の活字ではとめている。一般でははねてもよい。

トツ

凸　5画

突　8画

とどける

届　8画　⑥＊

屆（旧）　8画

ともえ

巴（人）　4画

とら

寅（人）　11画

とり

酉（人）　7画

トン

屯　4画

豚　11画

敦（人）　12画

頓　13画

ドン

貪　11画

鈍　12画

曇　16画

どんぶり

丼　5画

ナ

那　7画

ナイ

奈　8画　④

内　4画　②

なし

梨　11画　④

梨

小学校教科書の活字でははとめている。一般でははねてもよい。

なぞ

謎　16画

「常用漢字表」では「謎」の形で示されているが、手書きの場合は「謎」と書いてもよいと明示されている。

なべ

鍋　17画

ナン

南　9画　②

軟　11画

楠（人）　13画

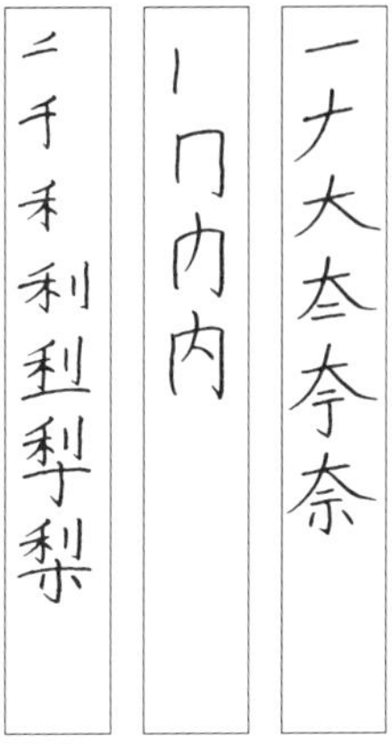

ナン

難　18画　⑥＊
一 艹 苎 莫 𦰩 𦰩 𦰩 難

一 艹 苎 𦰩 𦰩 難 難

一 艹 苎 苎 𦰩 𦰩 𦰩 難

難（人）　19画
一 艹 苎 苎 𦰩 𦰩 難 難

ニ

二　2画　①
一 二

尼　5画
フ コ 尸 尸 尼

弐　6画
一 二 三 弐 弐

貳（旧）　12画
一 三 亖 貢 貳 貳

におう

匂　4画
丿 勹 勹 匂

ニク

肉　6画　②
丨 冂 内 内 肉 肉

にじ

虹　9画
口 中 虫 虫 虹 虹

ニチ

日　4画　①
丨 冂 月 日

ニュウ

入　2画　①
丿 入

乳　8画　⑥
丿 𠂊 𠂊 孚 孚 孚 乳

ニョウ

尿　7画
フ コ 尸 尸 尿 尿 尿

ニン

任　6画　⑤
丿 亻 仁 仁 任 任

妊　7画
く 女 女 女 妊 妊 妊

忍　7画
フ 刀 刃 刃 忍 忍 忍

認　14画　⑥
二 言 言 訒 訒 訒 認 認

ネイ

寧　14画
宀 宀 宀 宓 寍 寍 寍 寍 寧

熱《ネツ》 15画 ④

年《ネン》 6画 ①

念 8画 ④

捻 11画

粘 11画

燃 16画 ⑤

悩《ノウ》 10画

惱（旧） 12画

納 10画 ⑥

納 *

下が小学校教科書の活字の形。一般では上の形でも書く。

能 10画 ⑤

脳 11画 ⑥

腦（旧） 13画

農 13画 ③*

濃 16画

把《ハ》 7画

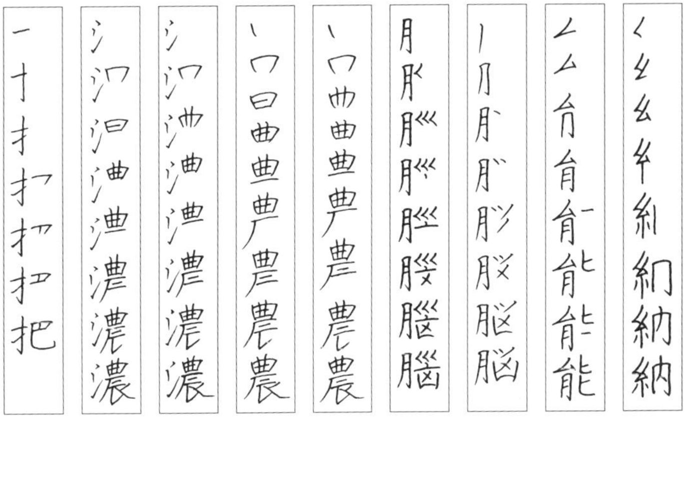

ハ

- 波　8画　③
- 派　9画　⑥
- 破　10画　⑤
- 播（人）　15画
- 覇　19画

バ

- 馬　10画　②＊
- 婆　11画
- 罵　15画

ハイ

- 拝　8画　⑥
- 拜（人）　9画
- 杯　8画
- 背　9画　⑥
- 肺　9画　⑥
- 俳　10画　⑥＊
- 配　10画　③
- 排　11画

- 敗《ハイ》　11画　④
- 廃　12画
- 輩　15画
- 売《バイ》　7画　②
- 賣（人）　15画
- 倍　10画　③
- 梅　10画　④

- 梅（人）　11画
- 培　11画
- 陪　11画
- 媒　12画
- 買　12画　②
- 煤（人）　13画
- 賠　15画
- 秤《はかり》（人）　10画
- 萩《はぎ》（人）　12画
- 白《ハク》　5画　①

は

ハク

伯	拍	泊	迫	柏《人》	剝	舶	博
7画	8画	8画	8画	9画	10画	11画	12画 ④＊

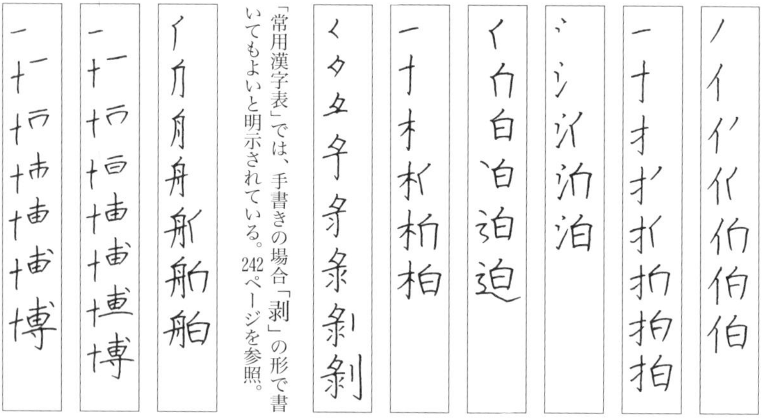

「常用漢字表」では、手書きの場合「剥」の形で書いてもよいと明示されている。242ページを参照。

箔《人》	薄
14画	16画

バク

麦	麥《旧》	漠	縛
7画 ②＊	11画	13画	16画

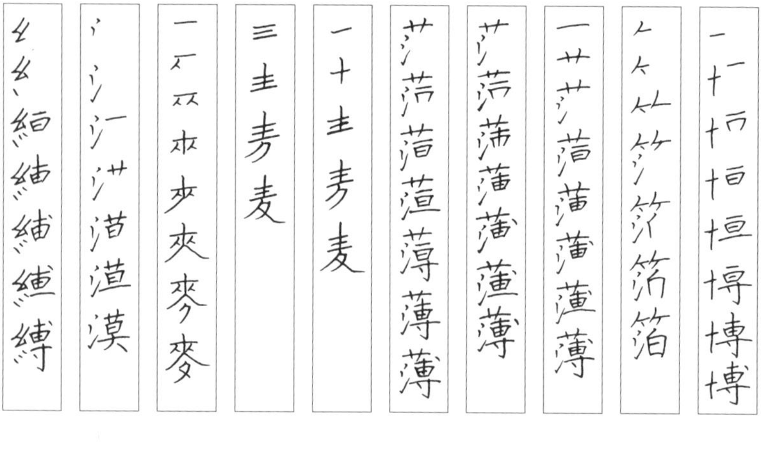

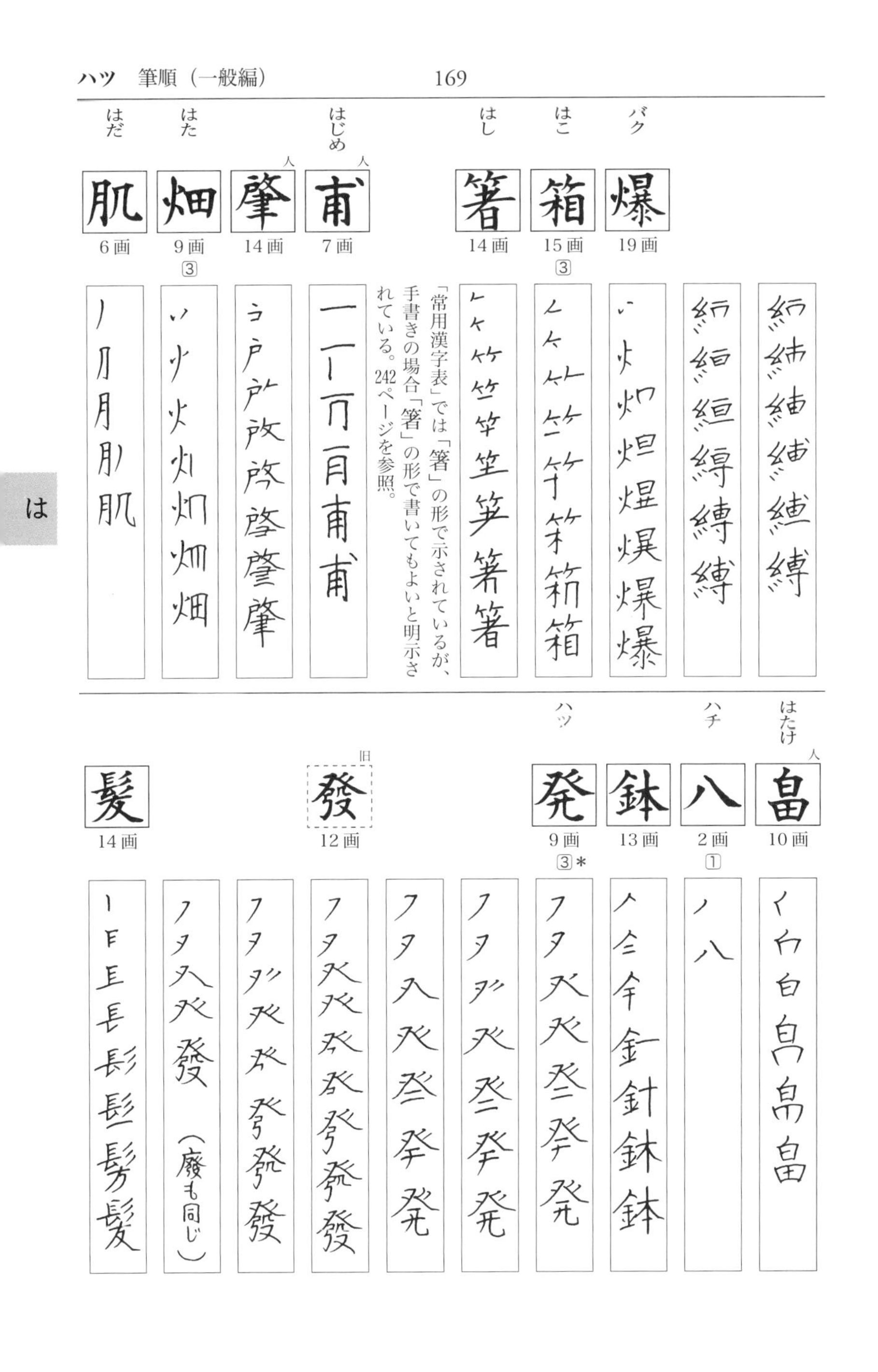

（縛）…縛

爆《バク》　19画
…爆

箱《はこ》　15画　③
…箱

箸《はし》　14画
…箸

「常用漢字表」では「箸」の形で示されているが、手書きの場合「箸」の形で書いてもよいと明示されている。242ページを参照。

甫《はじめ》　人　7画
…甫

肇　人　14画
…肇

畑《はた》　9画　③
…畑

肌《はだ》　6画
…肌

畠《はたけ》　人　10画
…畠

八《ハチ》　2画　①
ノ八

鉢　13画
…鉢

発《ハツ》　9画　③＊
…発
…発
…発

發　旧　12画
…發
…發
…發（廢も同じ）

髪　14画
…髪

髪 人 15画
一 厂 E 長 長 髟 髟 髮 髪
丨 厂 E 長 髟 髟 髟 髪 髪 髪
一 厂 E 長 髟 髟 髟 髟 髪 髪 髪

バツ

伐 6画
ノ イ 仁 代 伐 伐 （代 伐）

抜 7画
十 扌 扌 扌 抜 抜

抜 人 8画
十 扌 扌 扌 抜 抜 抜 （扶 抜 拔）

罰 14画
罒 罒 罒 罒 罒 罰 罰 罰

閥 14画
丨 門 門 門 閥 閥 閥 閥

閥 14画
丨 門 門 門 閥 閥 閥 閥

はと

鳩 人 13画
ノ 九 九 九 九 鳩 鳩 鳩

はやぶさ

隼 人 10画
イ 亻 什 隹 隹 隼
イ 亻 什 隹 隹 隹 隼

ハン

反 4画 ③
一 厂 万 反

半 5画 ②
丷 丷 兰 半

氾 5画
氵 氵 氾

犯 5画 ⑤
ノ 犭 犭 犯 犯

帆 6画
丨 冂 巾 巾 帆 帆

汎 6画
氵 氵 汎 汎

伴 7画
ノ イ 伴 伴 伴

判 7画 ⑤
丷 丷 兰 半 判 判

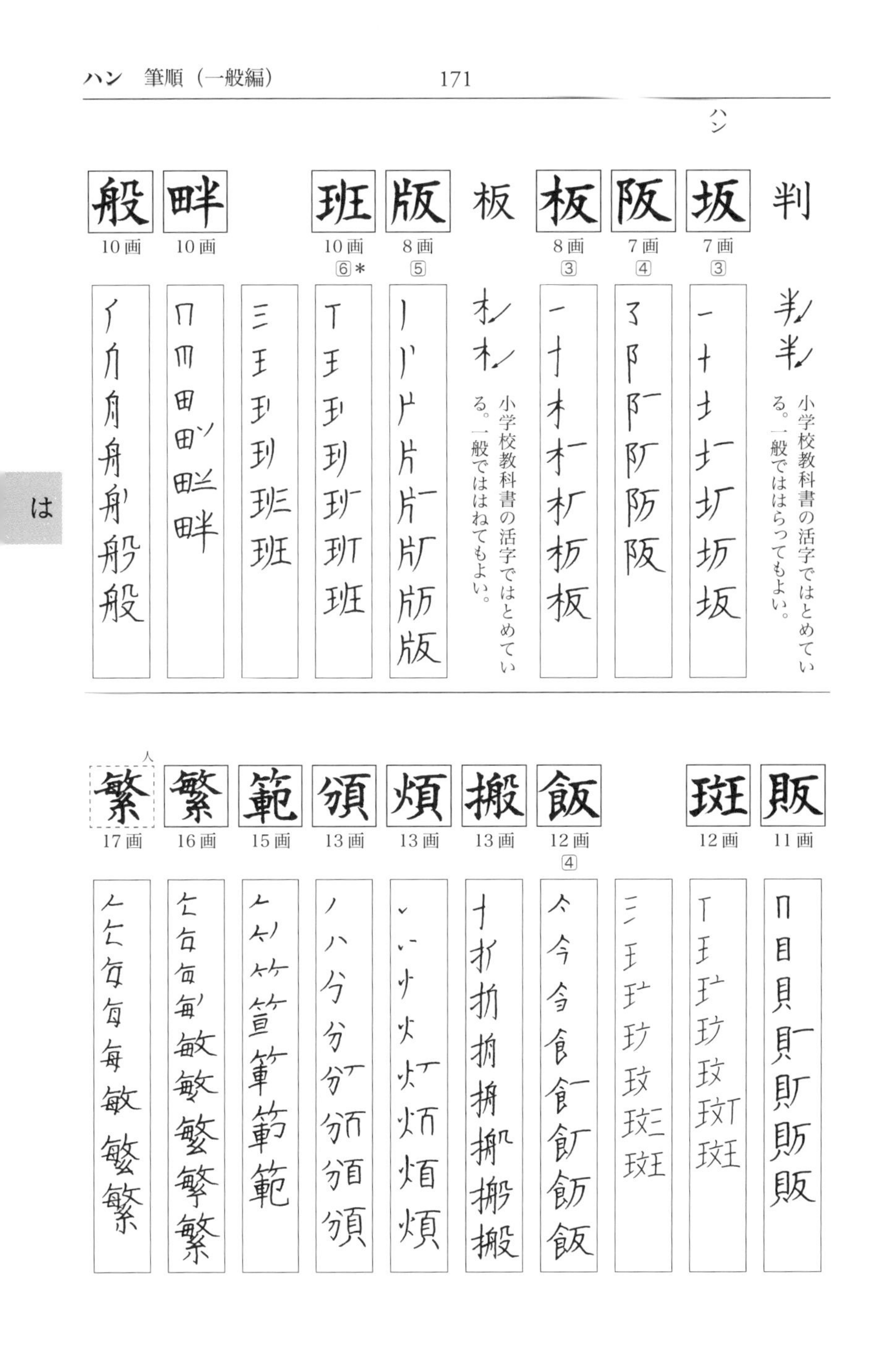

ハン

判

小学校教科書の活字ではとめている。一般でははらってもよい。

坂 7画 ③

阪 7画 ④

板 8画 ③

板

小学校教科書の活字ではとめている。一般でははねてもよい。

版 8画 ⑤

班 10画 ⑥＊

畔 10画

般 10画

販 11画

斑 12画

飯 12画 ④

搬 13画

煩 13画

頒 13画

範 15画

繁 16画

繁 17画 人

ハン

藩　18画

バン

晩　12画　⑥

番　12画　②

蛮　12画

旧 **蠻**　25画

盤　15画

人 **磐**　15画

ヒ

比　4画　⑤

比

下が小学校教科書の活字の形。一般では上の形でも書く。

皮　5画　③

妃　6画

否　7画　⑥

批　7画　⑥

批

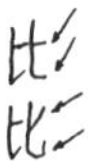

下が小学校教科書の活字の形。一般では上の形でも書く。

彼　8画

披　8画

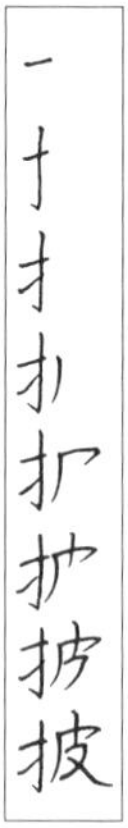

肥　8画　⑤

非　8画　⑤＊

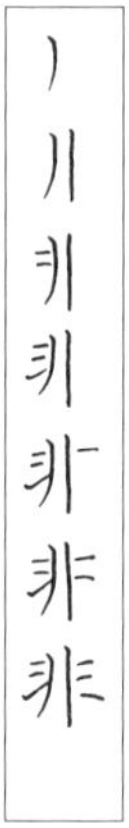

卑　9画

ヒ

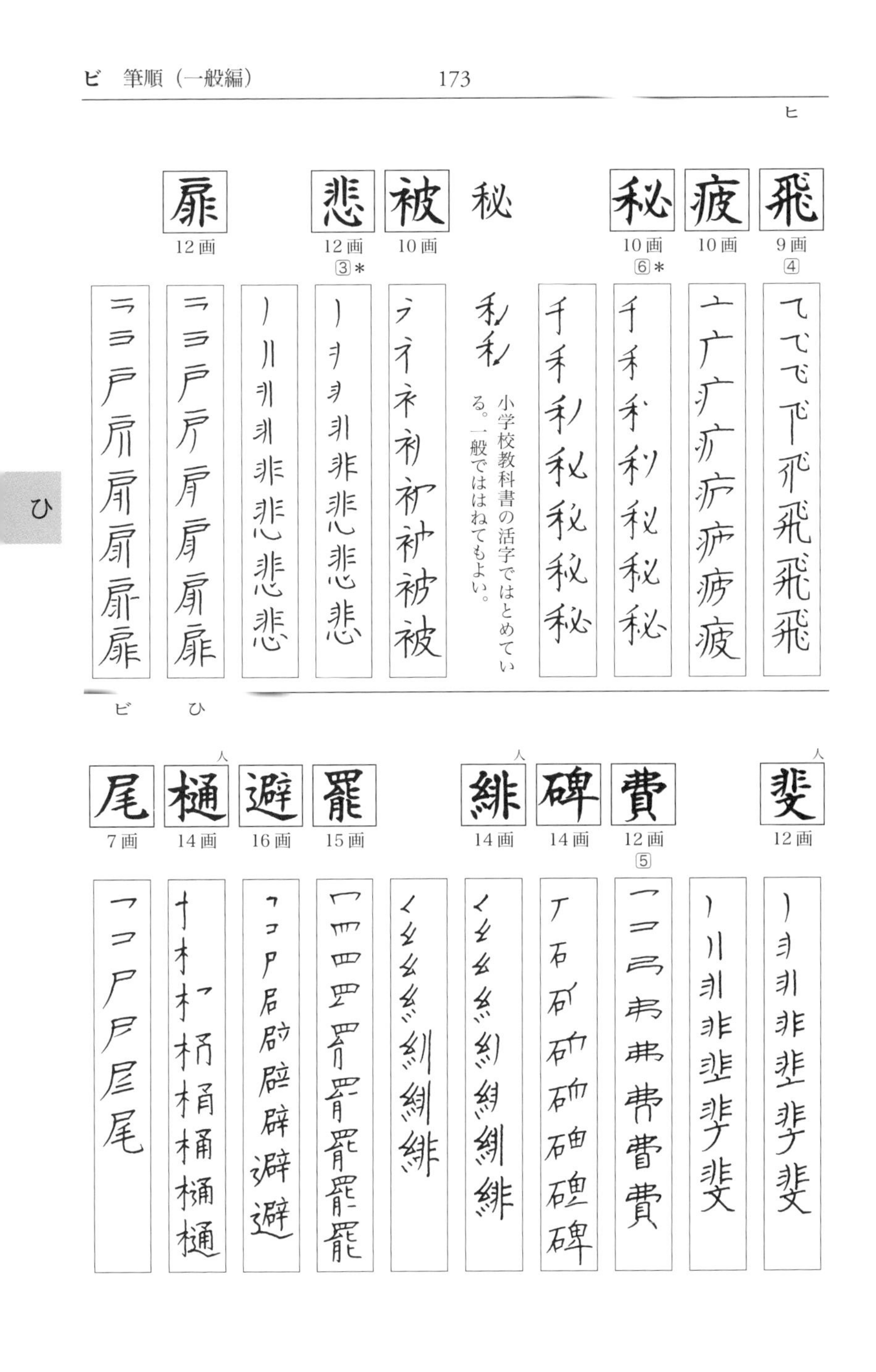

ヒ

飛　9画　④

疲　10画

秘　10画　⑥＊

秘

小学校教科書の活字ではとめている。一般でははねてもよい。

被　10画

悲　12画　③＊

扉　12画

ビ　ひ

斐（人）　12画

費　12画　⑤

碑　14画

緋（人）　14画

罷　15画

避　16画

樋（人）　14画

尾　7画

ビ

眉	9画	
美	9画	③＊
美		小学校教科書の活字でははらっている。一般ではとめてもよい。
備	12画	⑤
微	13画	
鼻	14画	③
疋《ひき》（人）	5画	
彦《ひこ》（人）	9画	
膝《ひざ》	15画	

肘《ひじ》	7画	
匹《ヒツ》	4画	
必	5画	④＊
泌	8画	
畢（人）	11画	
筆	12画	③
雛《ひな》（人）	18画	
桧《ひのき》（人）	10画	
檜（人）	16画	

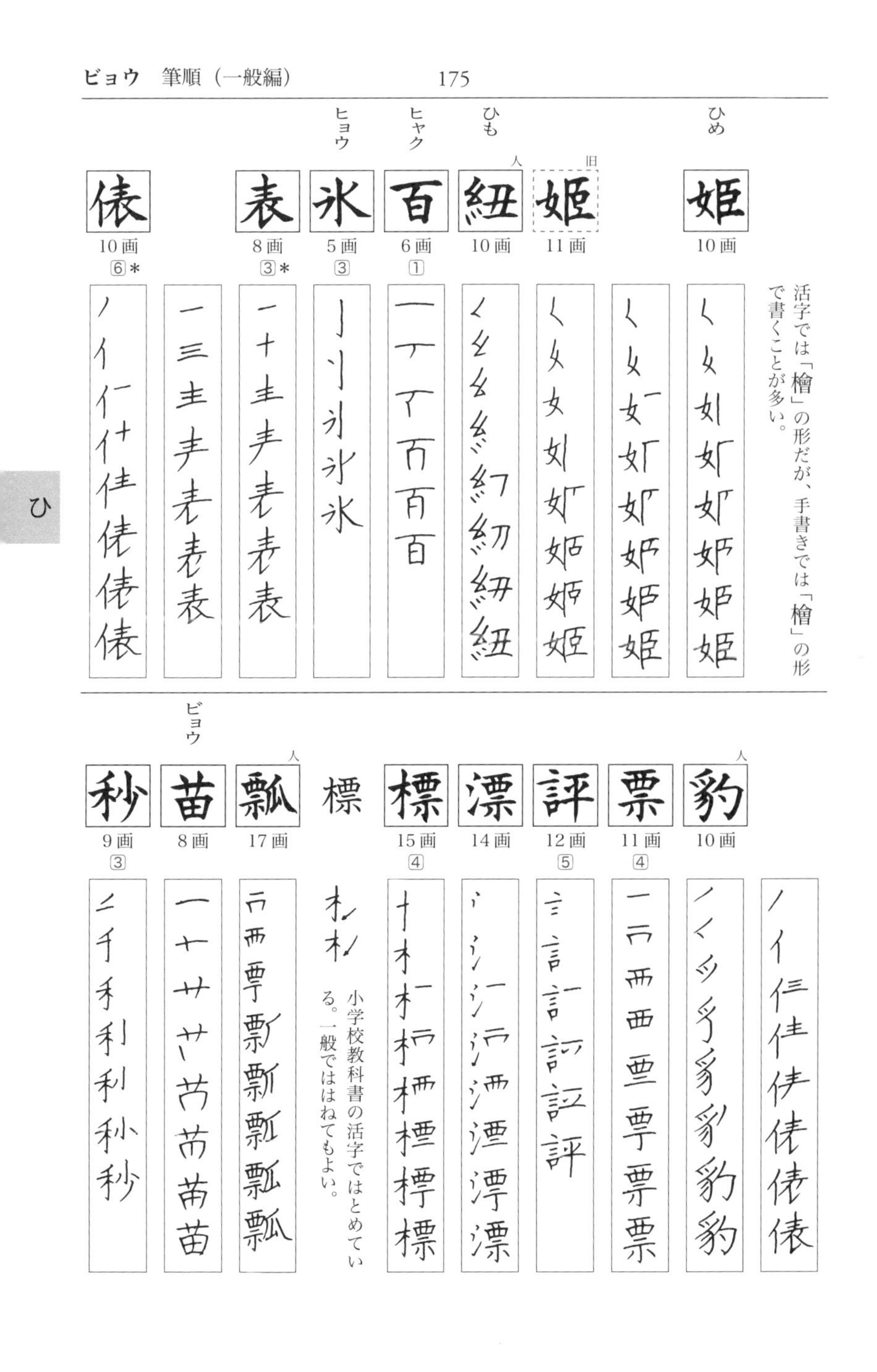

姫《ひめ》　10画

活字では「姫」の形だが、手書きでは「姫」の形で書くことが多い。

姫　旧　11画

紐《ひも》　人　10画

百《ヒャク》　6画　①

氷《ヒョウ》　5画　③

表　8画　③＊

俵　10画　⑥＊

豹　人　10画

票　11画　④

評　12画　⑤

漂　14画

標　15画　④

標

小学校教科書の活字でははとめている。一般でははねてもよい。

瓢　人　17画

苗《ビョウ》　8画

秒　9画　③

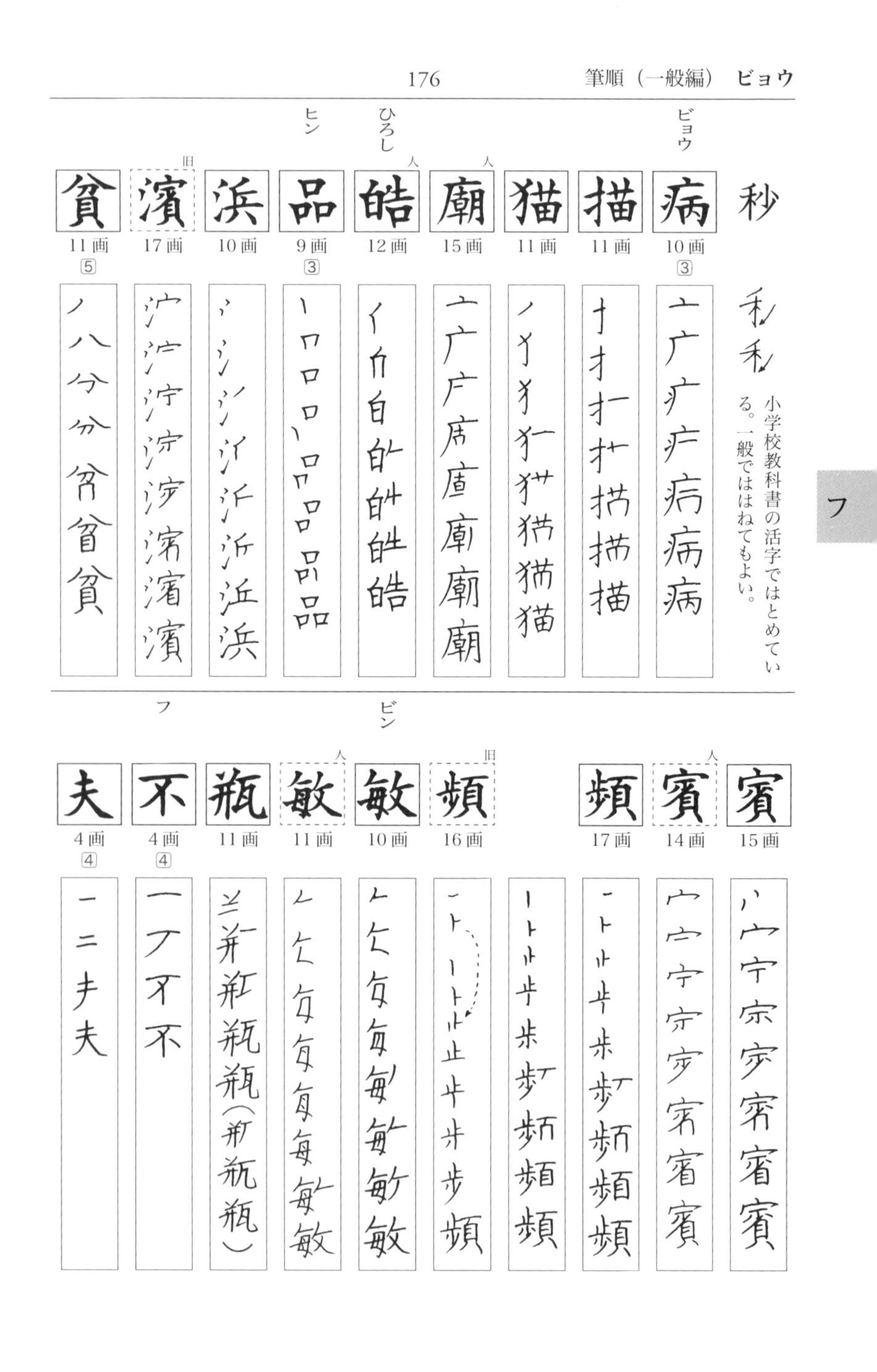

秒

小学校教科書の活字ではとめている。一般でははねてもよい。

病《ビョウ》　10画　③

描　11画

猫　11画

廟　人　15画

皓《ひろし》　人　12画

品《ヒン》　9画　③

浜　10画

濱　旧　17画

貧　11画　⑤

賓　15画

賓　人　14画

頻　17画

頻　旧　16画

敏《ビン》　10画

敏　人　11画

瓶　11画

不《フ》　4画　④

夫　4画　④

フ

父	付	布	扶	巫（人）	芙（人）	府	怖	阜	附
4画 ②	5画 ④	5画 ⑤	7画	7画	7画	8画 ④	8画	8画 ④	8画

訃	負	赴	浮	婦	符	富	普	腐	敷
9画	9画 ③	9画	10画	11画 ⑤	11画	12画 ④	12画	14画	15画

フ

膚 15画

賦 15画

譜 19画

ブ

侮 8画

侮（人） 9画

武 8画 ⑤

部 11画 ③

舞 15画

フウ

封 9画

風 9画 ②

ふき

蕗（人） 16画

フク

伏 6画

服 8画 ③＊

副 11画 ④

幅 12画

復 12画 ⑤

福 13画 ③

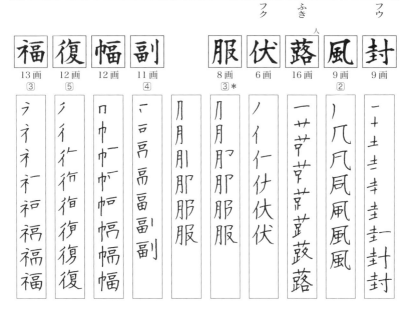

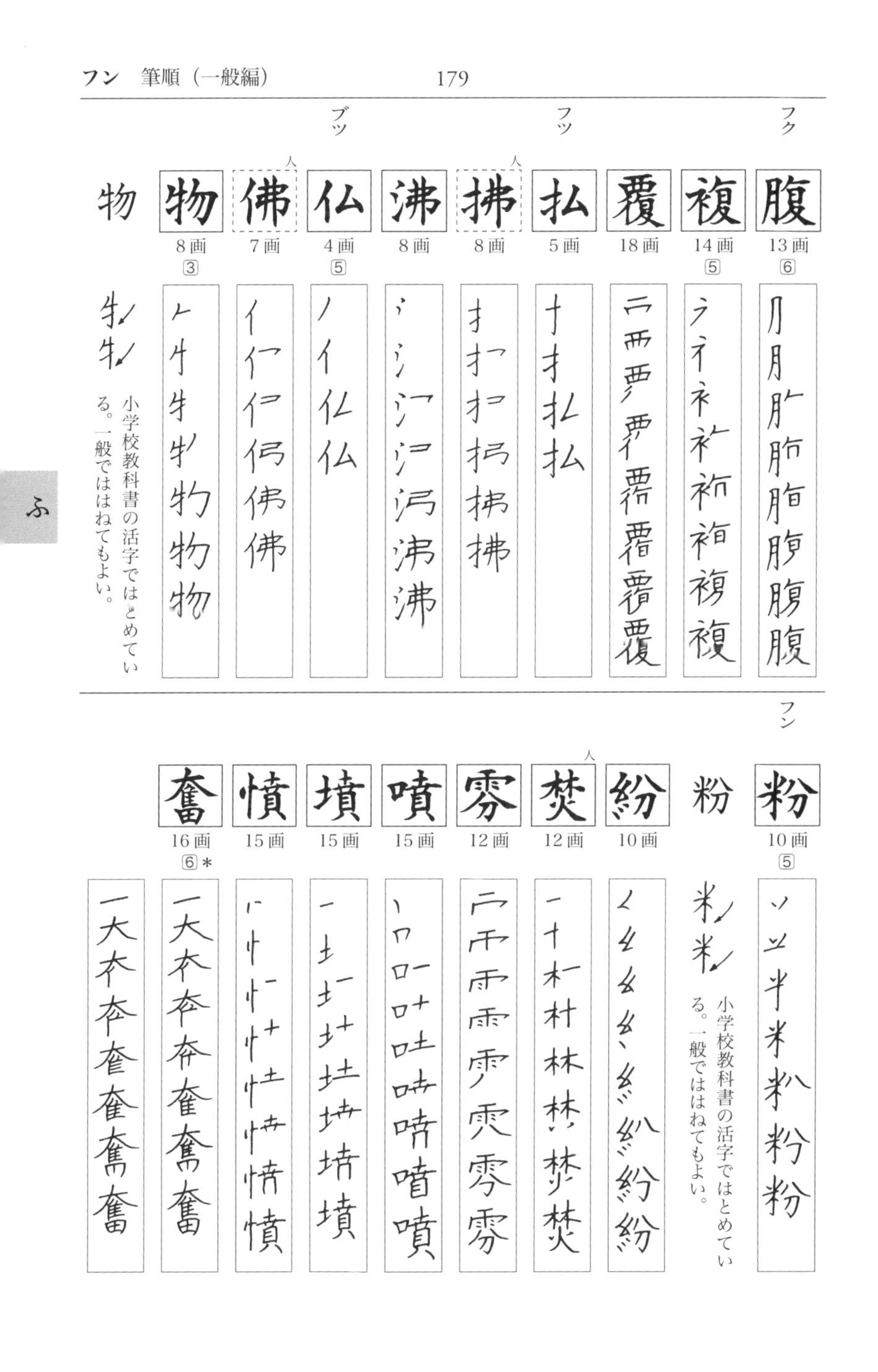

腹《フク》　13画　⑥

複　14画　⑤

覆　18画

払《フツ》　5画

拂（人）　8画

沸　8画

仏《ブツ》　4画　⑤

佛（人）　7画

物　8画　③

物　小学校教科書の活字ではとめている。一般でははねてもよい。

粉《フン》　10画　⑤

粉　小学校教科書の活字ではとめている。一般でははねてもよい。

紛　10画

焚（人）　12画

雰　12画

噴　15画

墳　15画

憤　15画

奮　16画　⑥＊

ふ

ブン

分 4画 ②

文 4画 ①

聞 14画 ②＊

ヘイ

丙 5画

平 5画 ③

兵 7画 ④

併 8画

並 8画 ⑥

柄 9画

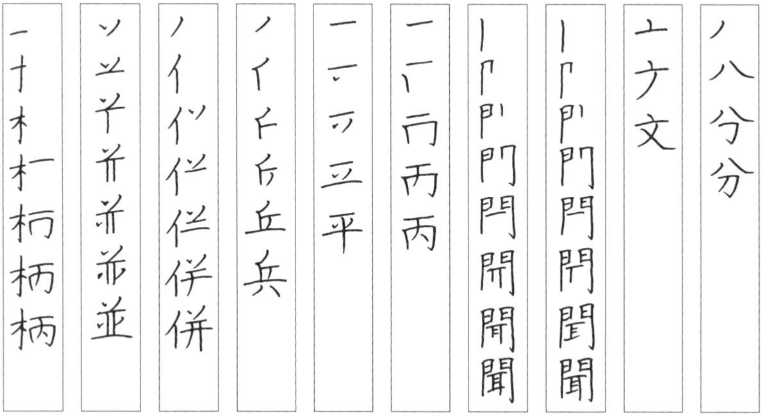

陛 10画 ⑥

陛

下が小学校教科書の活字の形。一般では上の形でも書く。

閉 11画 ⑥

塀 12画

餅 14画

「常用漢字表」では「餠」の形で示されているが、手書きの場合は「餅」と書いてもよいと明示されている。

幣 15画

弊 15画

蔽 15画

「常用漢字表」では「蔽」の形で示されているが、手書きの場合は「蔽」と書いてもよいと明示されている。242ページを参照。

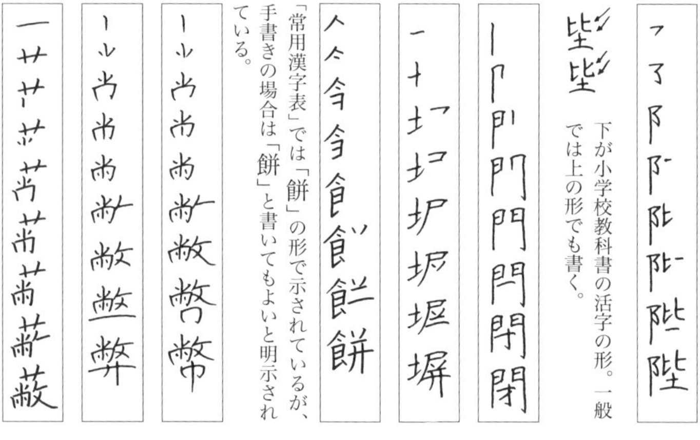

ベイ

米　6画　②

米

小学校教科書の活字ではとめている。一般でははねてもよい。

ヘキ

碧（人）　14画

壁　16画

璧　18画

癖　18画

ベツ

別　7画　④

蔑　14画

ヘン

瞥（人）　17画

片　4画　⑥

辺　5画　④

邊（旧）　18画

返　7画　③

変　9画　④

變（旧）　23画

偏　11画

遍　12画

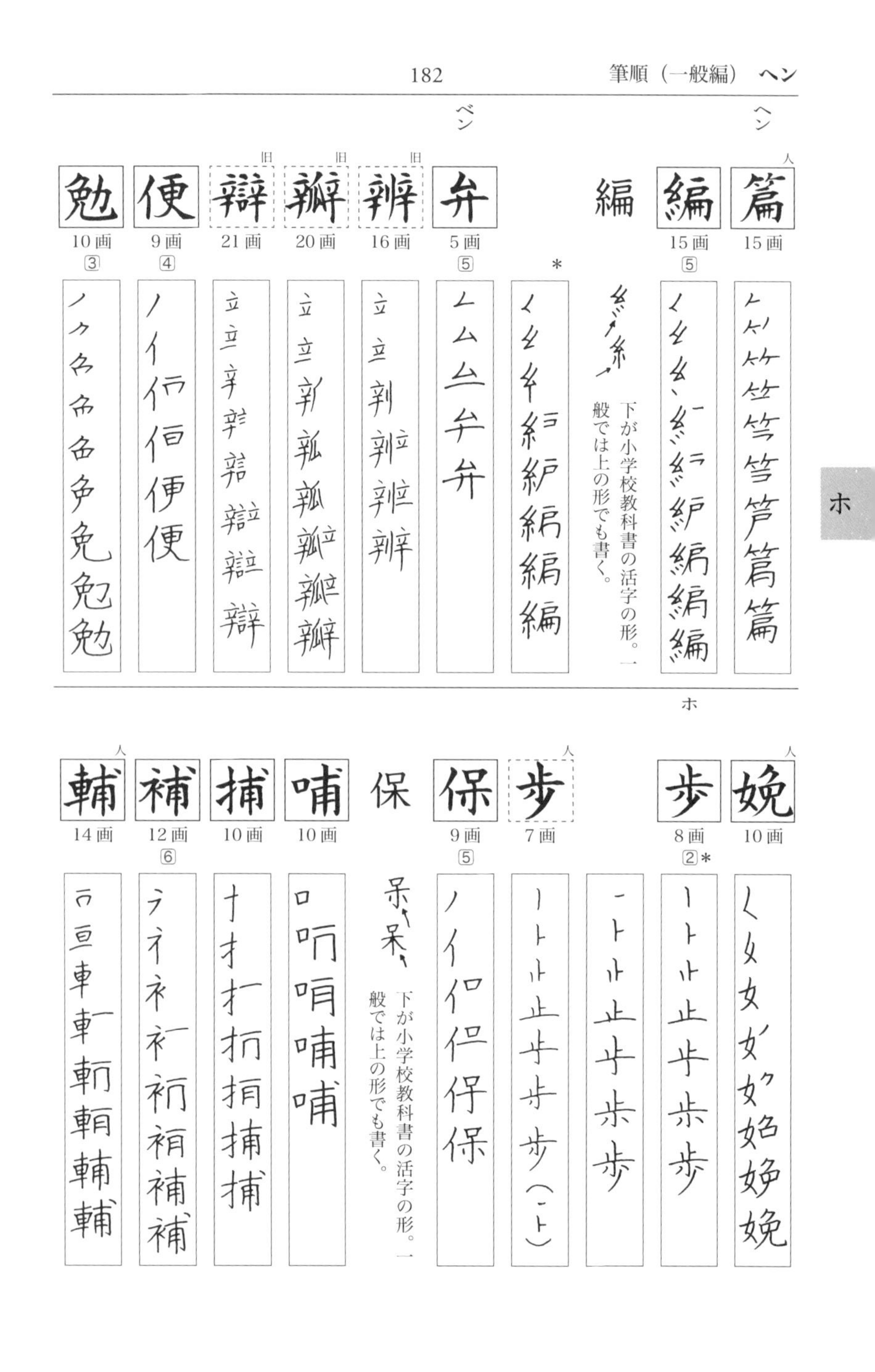

ヘン

人 篇 15画

編 15画 ⑤

* 編

下が小学校教科書の活字の形。一般では上の形でも書く。

ベン

弁 5画 ⑤

旧 辨 16画

旧 瓣 20画

旧 辯 21画

便 9画 ④

勉 10画 ③

ホ

人 娩 10画

歩 8画 ②*

人 步 7画

步（ト一）

保 9画 ⑤

保

下が小学校教科書の活字の形。一般では上の形でも書く。

哺 10画

捕 10画

補 12画 ⑥

人 輔 14画

鋪《ホ》 15画

母《ボ》 5画 ②

募 12画

墓 13画 ⑤

慕 14画

暮 14画 ⑥

簿 19画

方《ホウ》 4画 ②

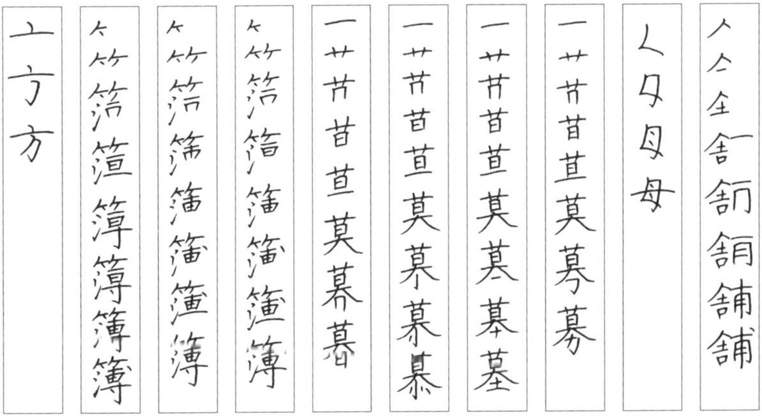

包 5画 ④

芳 7画

邦 7画

奉 8画

宝 8画 ⑥＊

寶（旧） 20画

抱 8画

放 8画 ③

ホウ

朋　人　8画

法　8画　④

泡　8画

胞　9画

俸　10画

倣　10画

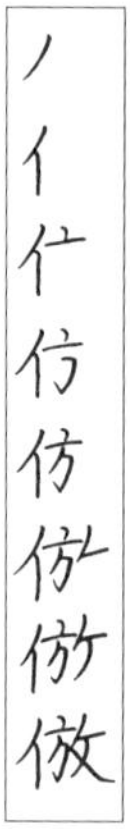

峰　10画

砲　10画

逢　人　10画

崩　11画

萌　人　11画

訪　11画　⑥

報　12画　⑤*

蜂　13画

豊　13画　⑤*

豐　旧　18画

飽　13画

褒　15画

ホ

縫《ホウ》　16画

亡《ボウ》　3画　⑥

乏　4画

忙　6画

坊　7画

妨　7画

忘　7画　⑥

防　7画　⑤

房　8画

肪　8画

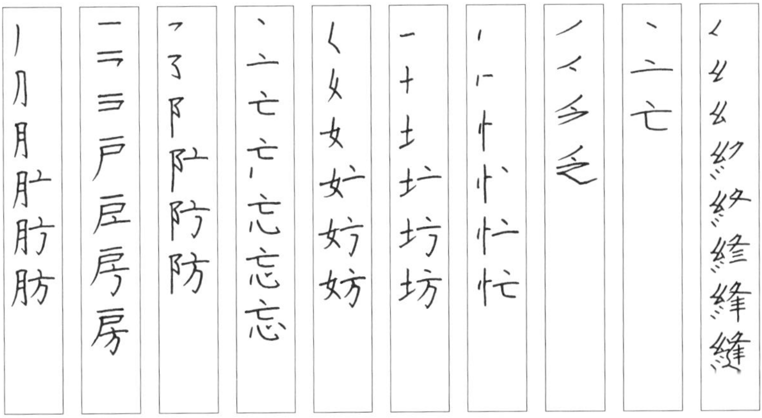

茅（人）　8画

某　9画

冒　9画

剖　10画

紡　10画

望　11画　④＊　望

下が小学校教科書の活字の形。一般では上の形でも書く。

眸（人）　11画

傍　12画

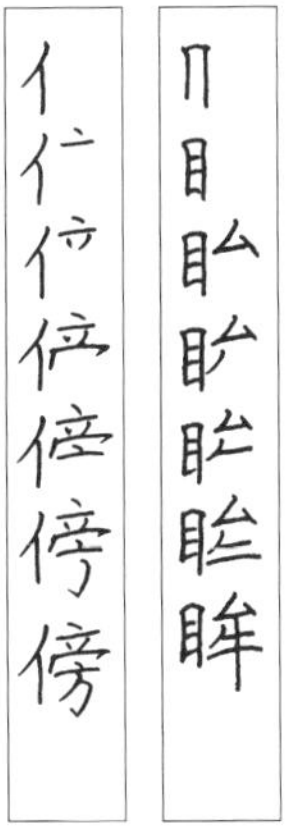

帽《ボウ》 12画

棒 12画 ⑥

棒

小学校教科書の活字ではとめている。一般でははねてもよい。

貿 12画 ⑤

貌 14画

暴 15画 ⑤

膨 16画

謀 16画

頬《ほお》 16画

「常用漢字表」では、手書きの場合「頰」の形で書いてもよいと明示されている。242ページを参照。

北《ホク》 5画 ②

北

下が小学校教科書の活字の形。一般では上の形でも書く。

木《ボク》 4画 ①

木

小学校教科書の活字ではとめている。一般でははねることが多い。

朴 6画

牧 8画 ④

牧

小学校教科書の活字ではとめている。一般でははねてもよい。

睦 13画

僕 14画

墨 14画

撲《ボク》 15画

没《ボツ》 7画

勃 9画

堀《ほり》 11画

本《ホン》 5画 ①

奔 8画

翻 18画

飜 21画（人）

凡《ボン》 3画

盆 9画

麻《マ》 11画

摩 15画

磨 16画

魔 21画

毎《マイ》 6画 ②

毎 7画（人）

妹 8画 ②

妹

小学校教科書の活字ではとめている。一般でははねてもよい。

枚 8画 ⑥

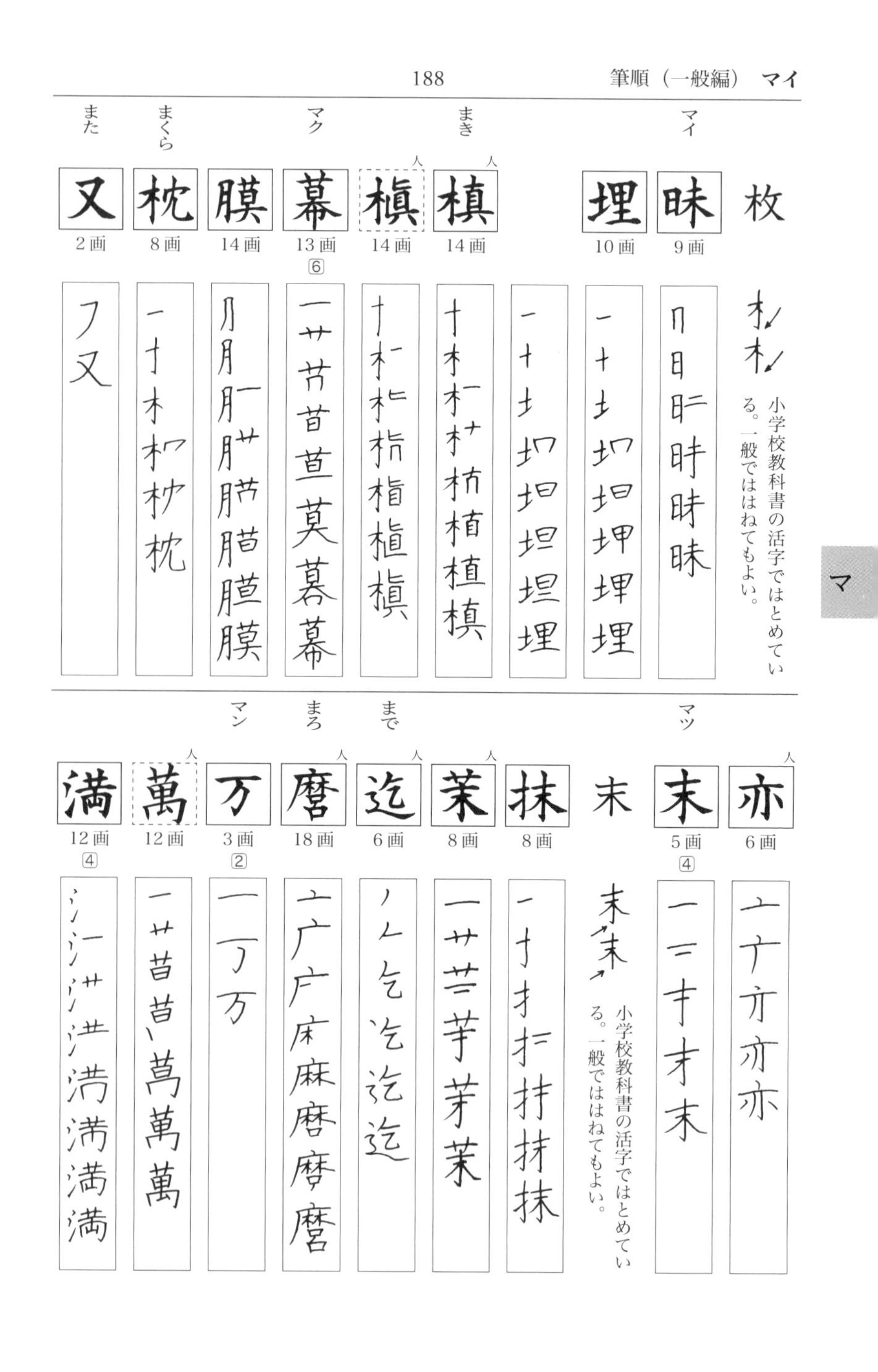

枚

小学校教科書の活字ではとめている。一般でははねてもよい。

マイ

昧　9画

埋　10画

まき

槙（人）　14画

槇（人）　14画

マク

幕　13画　⑥

膜　14画

まくら

枕　8画

また

又　2画

亦（人）　6画

マツ

末　5画　④

末

小学校教科書の活字ではとめている。一般でははねてもよい。

抹　8画

茉（人）　8画

まで

迄（人）　6画

まろ

麿（人）　18画

マン

万　3画　②

萬（人）　12画

満　12画　④

マン　満（旧）　14画

慢　14画

漫　14画

ミ　未　5画　④

未　小学校教科書の活字ではとめている。一般でははねてもよい。

味　8画　③

味　小学校教科書の活字ではとめている。一般でははねてもよい。

魅　15画

み　巳（人）　3画

みさき　岬　8画

みち　迪（人）　8画

ミツ　密　11画　⑥＊

蜜　14画

みのる　稔（人）　13画

ミャク　脈　10画　⑤

脈　小学校教科書の活字ではとめている。一般では八画目をはねる。

ミョウ　妙　7画

ミン

民 5画 ④

眠 10画
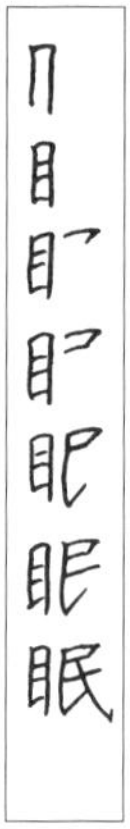

ム

矛 5画

務 11画 ⑤

無 12画 ④

＊

無

下が小学校教科書の活字の形。一般では上の形でも書く。

夢 13画 ⑤

霧 19画

むすめ

娘 10画

メイ

名 6画 ①

命 8画 ③

明 8画 ②

迷 9画 ⑤

迷

小学校教科書の活字ではとめている。一般でははねてもよい。

冥 10画

盟 13画 ⑥

銘 14画

鳴 14画 ②

めい

人 姪 9画

メ

滅《メツ》　13画

免《メン》　8画

面　9画　③

綿　14画　⑤

綿

下が小学校教科書の活字の形。一般では上の形でも書く。

＊

麺　16画

麵　旧　20画

茂《モ》　8画

模　14画　⑥

模

小学校教科書の活字ではとめている。一般でははねてもよい。

毛《モウ》　4画　②

妄　6画

孟　人　8画

盲　8画

耗　10画

猛《モウ》 11画

蒙 人 13画

網 14画

目《モク》 5画 ①

黙 15画

貰《もらう》 人 12画

門《モン》 8画 ②

紋 10画

問 11画 ③

匁《もんめ》 人 4画

也《ヤ》 人 3画

冶 7画

夜 8画 ②

耶 人 9画

野 11画 ②＊

弥《や》 8画

彌 人 17画

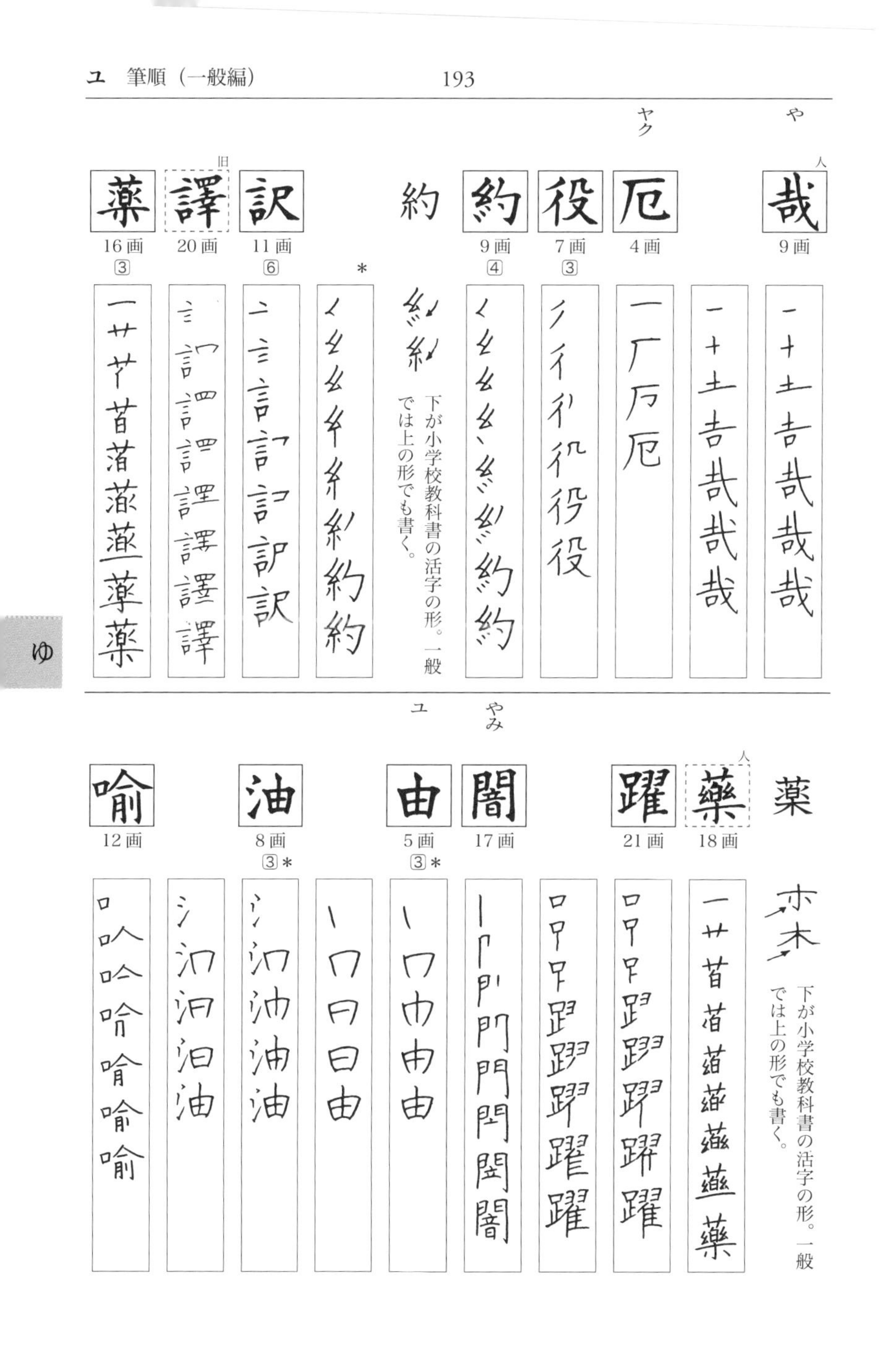

哉《や》（人）　9画

厄《ヤク》　4画

役　7画　③

約　9画　④

約　下が小学校教科書の活字の形。一般では上の形でも書く。

＊

訳　11画　⑥

譯（旧）　20画

薬　16画　③

薬　下が小学校教科書の活字の形。一般では上の形でも書く。

藥（人）　18画

躍　21画

闇《やみ》　17画

由《ユ》　5画　③＊

油　8画　③＊

喩　12画

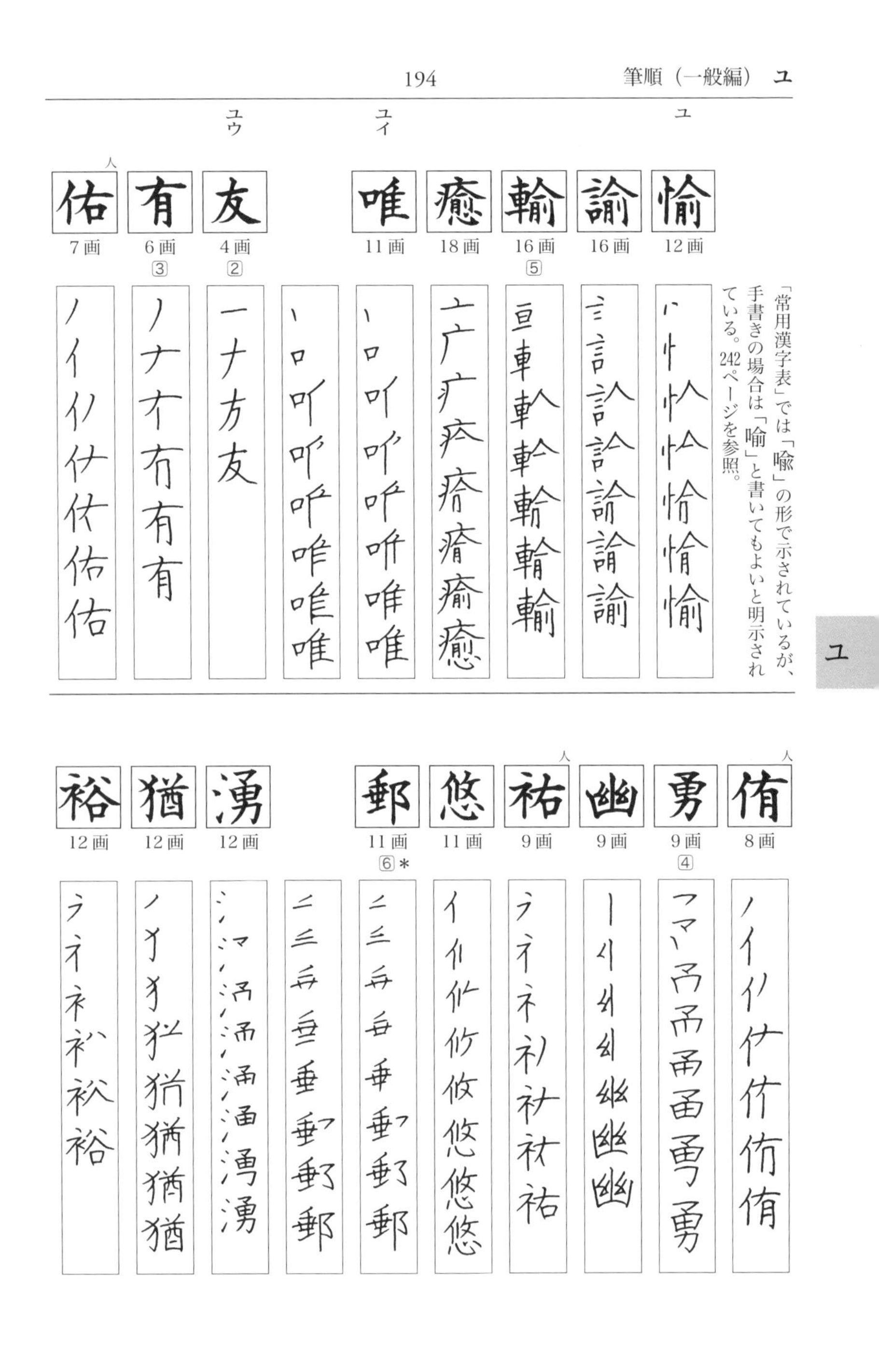

ユ

愉 12画

諭 16画

輸 16画 ⑤

癒 18画

ユイ

唯 11画

「常用漢字表」では「喩」の形で示されているが、手書きの場合は「喻」と書いてもよいと明示されている。242ページを参照。

ユウ

友 4画 ②

有 6画 ③

佑（人） 7画

侑（人） 8画

勇 9画 ④

幽 9画

祐（人） 9画

悠 11画

郵 11画 ⑥＊

湧 12画

猶 12画

裕 12画

ユウ

遊　12画　③

雄　12画

誘　14画

憂　15画

融　16画

優　17画　⑥

ヨ

与　3画

與（人）　13画

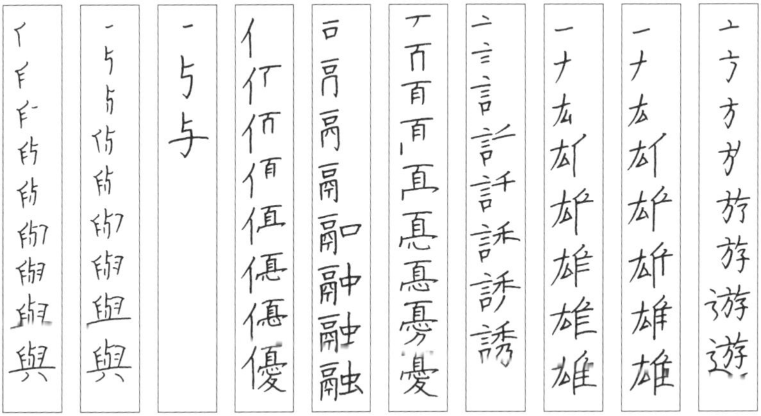

予　4画　③

豫（旧）　16画

余　7画　⑤

餘（旧）　15画

誉　13画

譽（旧）　20画

ヨウ

預　13画　⑥

幼　5画　⑥

用　5画　②

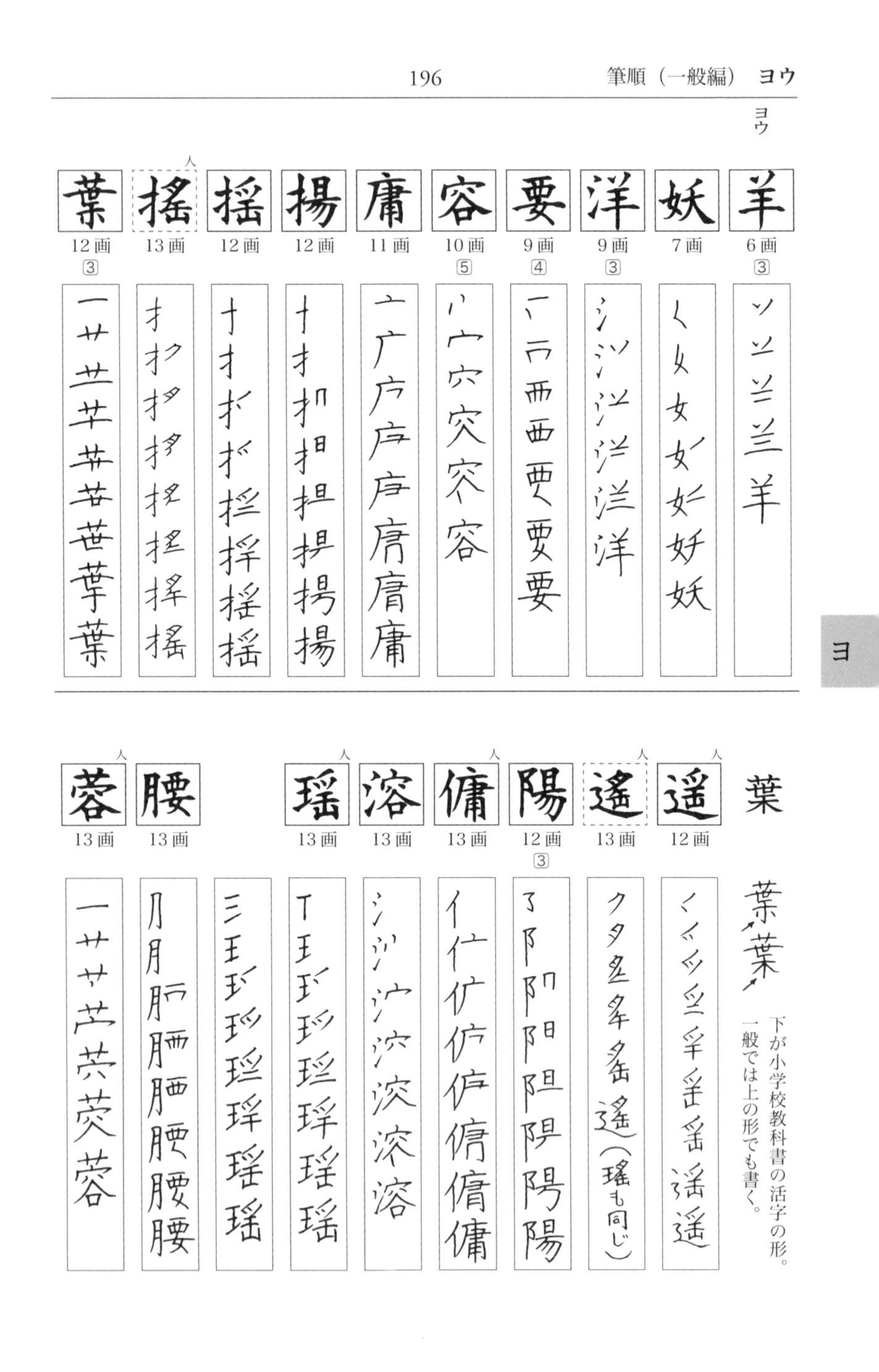

ヨウ

字	画数	学年	備考
羊	6画	③	
妖	7画		
洋	9画	③	
要	9画	④	
容	10画	⑤	
庸	11画		
揚	12画		
揺	12画		
搖	13画		人
葉	12画	③	

葉

下が小学校教科書の活字の形。一般では上の形でも書く。

字	画数	学年	備考
遥	12画		人
遙	13画		人（瑤も同じ）
陽	12画	③	
傭	13画		人
溶	13画		
瑶	13画		人
腰	13画		
蓉	13画		人

ヨ

ヨウ

様　様　14画　③

下が小学校教科書の活字の形。一般では上の形でも書く。

人　様　15画

瘍　14画

踊　14画

窯　15画

養　15画　④＊

擁　16画

謡　16画

人　謡　17画

曜　18画　②＊

ヨク

抑　7画

沃　7画

浴　10画　④

欲　11画　⑥

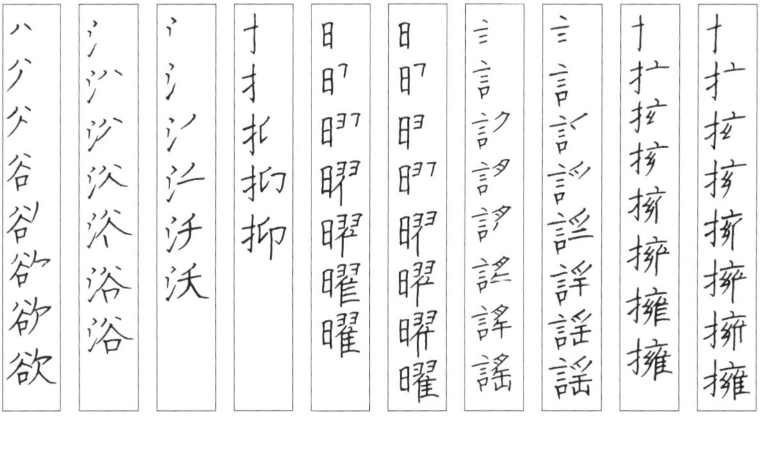

ヨク
翌　11画　⑥

翼　17画

ラ
拉　8画

裸　13画

羅　19画

ライ
来　7画　②

来

小学校教科書の活字ではとめている。一般でははねてもよい。

來（人）　8画

雷　13画

頼　16画

賴（人）　16画

ラク
絡　12画

落　12画　③

酪　13画

ラツ
辣　14画

ラン
乱　7画　⑥

亂（旧）　13画

卵　7画　⑥＊

ラ

ラン

覧　17画　⑥＊

覽（人）　22画

濫　18画

藍　18画

蘭（人）　19画

蘭（旧）　21画

欄　20画

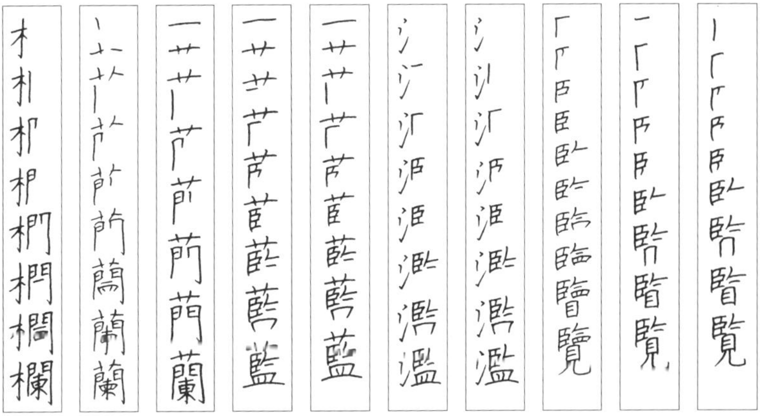

リ

欄（人）　21画

吏　6画

李（人）　7画

利　7画　④

利

小学校教科書の活字ではとめている。一般でははねてもよい。

里　7画　②＊

莉（人）　10画

理　11画　②＊

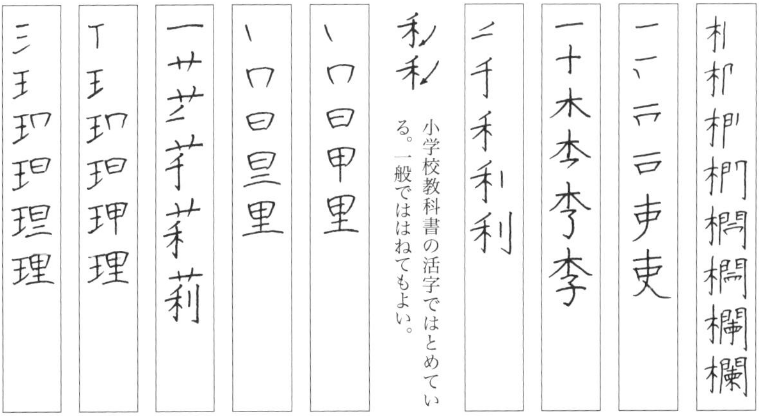

リ

痢　12画

裏　13画　⑥*

履　15画

璃　15画

人　鯉　18画

離　19画

リク　陸　11画　④

リツ　立　5画　①

律　9画　⑥

慄　13画

リャク　人　掠　11画

略　11画　⑤

リュウ　柳　9画

流　10画　③

留　10画　⑤

竜　10画

龍（人）16画

リュウ

笠（人）11画

粒 11画

隆 11画

硫 12画

溜（人）13画

リョ

侶 9画

旅 10画 ③

虜 13画

虜（人）13画

慮 15画

リョウ

了 2画

両 6画 ③

兩（旧）8画

良 7画 ④

亮（人）9画

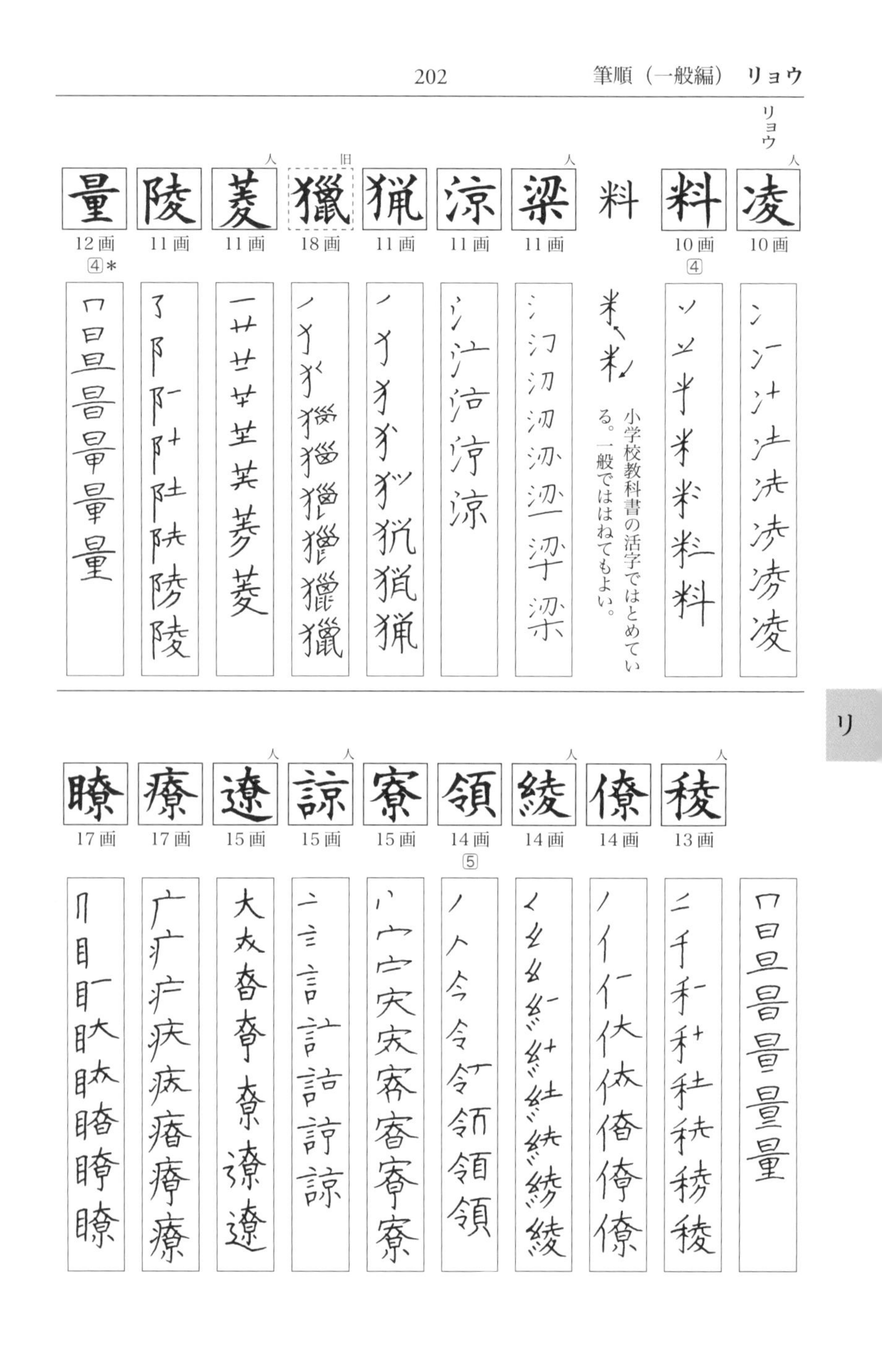

リョウ

- 凌（人）10画
- 料　10画　④
- 料　小学校教科書の活字ではとめている。一般でははねてもよい。
- 梁（人）11画
- 涼　11画
- 猟　11画
- 獵（旧）18画
- 菱（人）11画
- 陵　11画
- 量　12画　④＊

- 稜（人）13画
- 僚　14画
- 綾（人）14画
- 領　14画　⑤
- 寮　15画
- 諒（人）15画
- 遼（人）15画
- 療　17画
- 瞭　17画

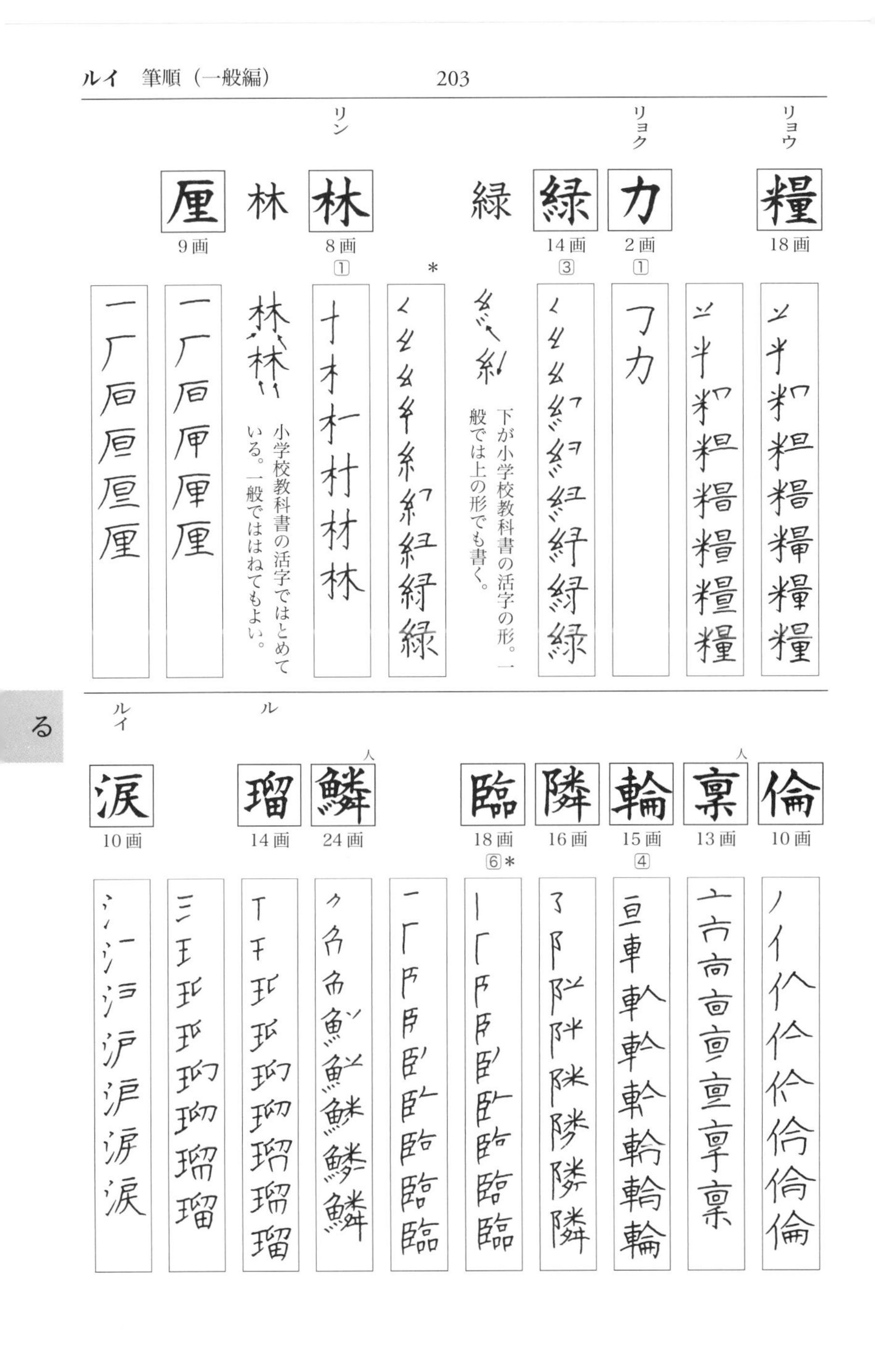

糧《リョウ》 18画

力《リョク》 2画 ①

緑 14画 ③

緑 ＊

下が小学校教科書の活字の形。一般では上の形でも書く。

林《リン》 8画 ①

林

小学校教科書の活字ではとめている。一般でははねてもよい。

厘 9画

倫 10画

稟（人） 13画

輪 15画 ④

隣 16画

臨 18画 ⑥＊

鱗（人） 24画

瑠《ル》 14画

涙《ルイ》 10画

ルイ

- 累　11画
- 塁　12画
- 壘（人）　18画
- 類　18画　④

レイ

- 令　5画　④
- 礼　5画　③
- 禮（人）　17画
- 伶（人）　7画
- 冷　7画　④

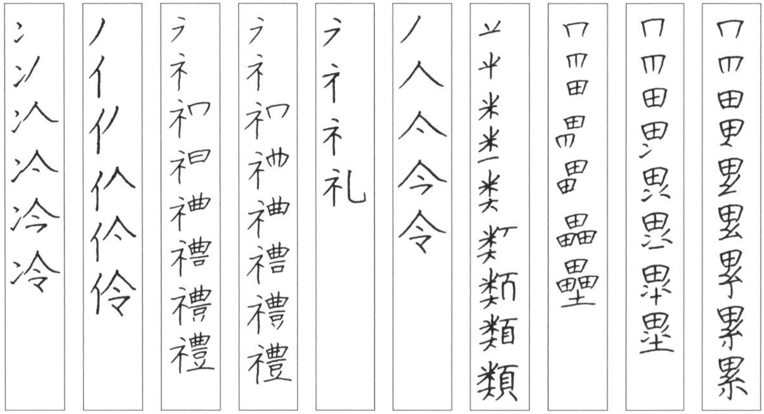

- 励　7画
- 勵（旧）　17画
- 戻　7画
- 例　8画　④
- 怜（人）　8画
- 玲（人）　9画
- 鈴　13画
- 零　13画
- 霊　15画

レイ

靈 旧 24画

黎 人 15画

隷 16画

嶺 人 17画

齢 17画

齡 旧 20画

麗 19画

レキ

暦 14画

曆 人 16画

歴 14画 ⑤＊

歷

小学校教科書の活字でははらっている。一般ではとめてもよい。

歷 人 16画

レツ

列 6画 ③

劣 6画

れ

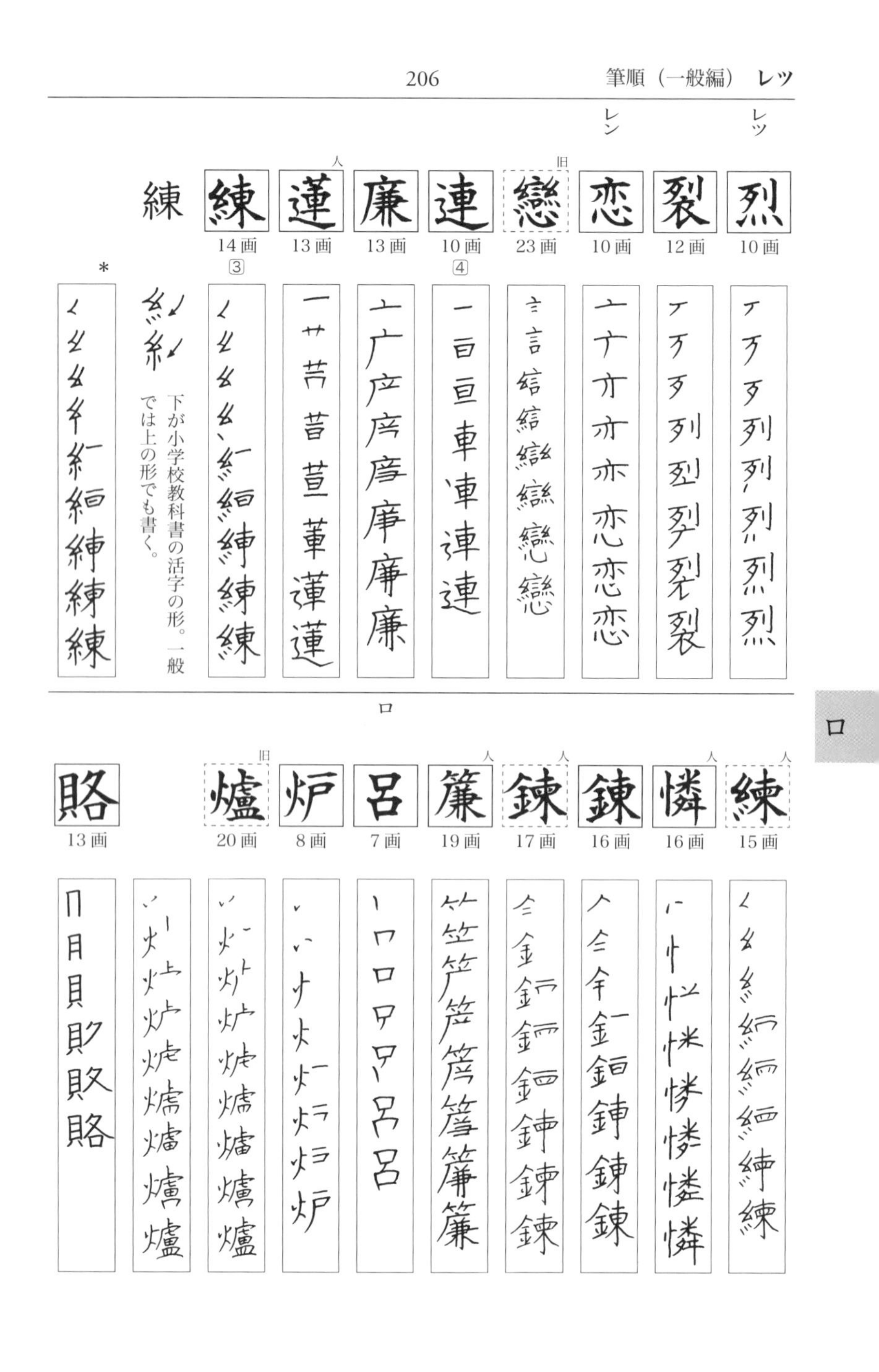

レツ

烈 10画

裂 12画

レン

恋 10画

戀 旧 23画

連 10画 ④

廉 13画

蓮 人 13画

練 14画 ③

＊ 練

下が小学校教科書の活字の形。一般では上の形でも書く。

ロ

練 人 15画

憐 人 16画

錬 16画

鍊 人 17画

簾 人 19画

ロ

呂 7画

炉 8画

爐 旧 20画

路 13画

ロ

路　13画　③

露　21画

鷺（人）　24画

ロウ

老　6画　④

老

上の形が小学校教科書の活字。一般では下の形でもよい。

労　7画　④

弄　7画

郎　9画

朗　10画　⑥

浪　10画

廊　12画

楼　13画

樓（旧）　15画

漏　14画

籠　22画

ロク

六　4画　①

肋（人）　6画

禄（人）　12画

録　16画　④

ろ

麓《ロク》　19画
木 林 埜 楚 楚 楚 楚 楚 麓

木 林 埜 楚 楚 楚 楚 麓

論《ロン》　15画　⑥
言 言 訃 訡 論 論 論

和《ワ》　8画　③
ノ 二 千 禾 禾 和 和

和
小学校教科書の活字ではとめている。一般でははねてもよい。

話　13画　②
言 言 訁 訐 話 話 話 話

賄《ワイ》　13画
冂 目 貝 貝 財 財 賄 賄

脇《わき》　10画
ノ 刀 月 肋 肋 脅 脇 脇

惑《ワク》　12画
一 亘 或 或 或 或 惑 惑

一 亘 或 或 或 或 惑

枠《わく》　8画
十 木 杉 朸 枠 枠

詫《わびる》　13画 人
言 言 訁 詑 詫

湾《ワン》　12画
氵 氵 汁 汁 汸 涝 湾 湾

灣　25画 旧
氵 氵言 灣 灣 灣 灣 灣 灣

腕　12画
冂 月 肸 肸 脘 脘 腕

碗　13画 人
厂 石 矿 矿 砂 砂 碗 碗

ワ

活字だけでの旧字体の筆順

当用漢字の字体がきまったとき、従来の字体を変えて新しい字体にした字がある。新しい字体を俗に新字体といい、従来の字体を旧字体といっている。ところが、旧字体に対して二つの考え方がある。一つは書き文字としての旧字体と、もう一つは活字の上での旧字体である。

黄や徳のつくりのように、戦前の活字はそれぞれａｂの上の形をしていたが、書く場合は下の形であった。活字の上だけの旧字体で特に筆順や形に注意すべき字を、もし活字のまま書く場合はこう書くというものを下段以降に示した。

a

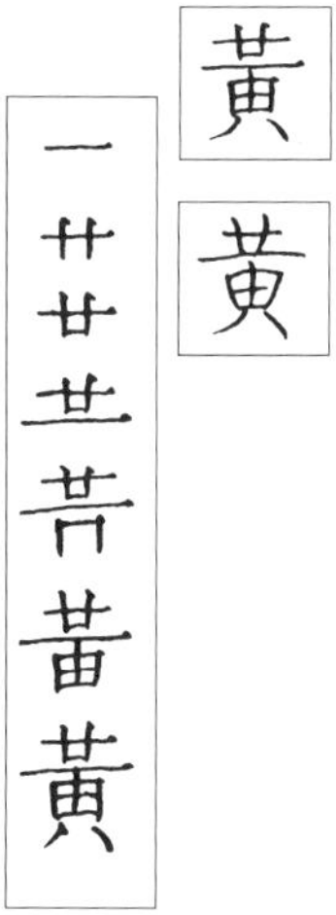

b

①

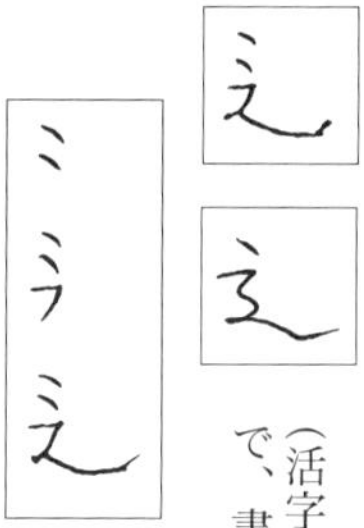

（活字の旧字体は近遠進で、書く場合は近遠進。）

②

（活字の旧字体は社祉神福で、書く場合は社祉神福。）

③

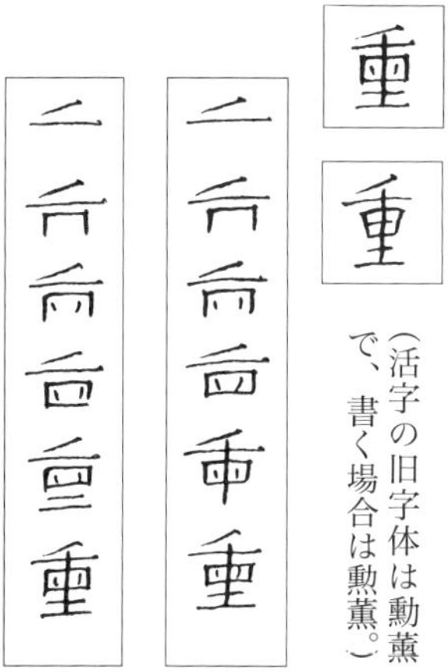

（活字の旧字体は動薫で、書く場合は動薫。）

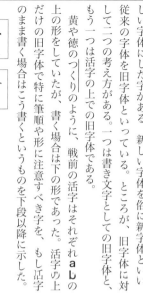

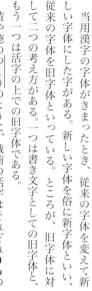

④

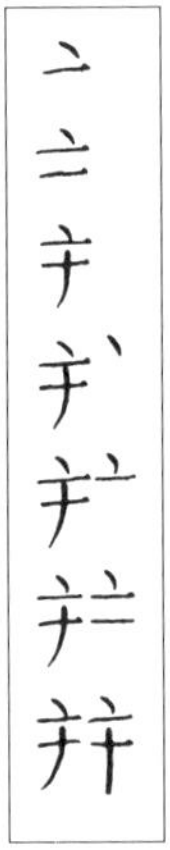

（活字の旧字体は併塀瓶で、書く場合は併塀瓶。）

⑤

（活字には竝もあったが、書く字は並であった。）

⑥

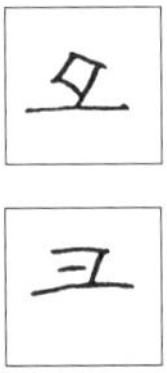

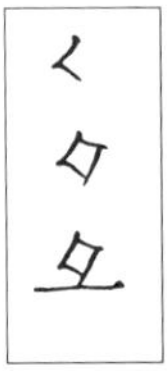

（活字の旧字体は綠錄緣で、書く場合は緑録縁。）

⑦

（活字の旧字体は都煮で、書く場合は都煮。）

⑧

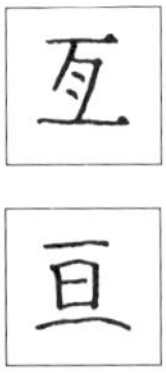

（活字の旧字体は恆で、書く場合は恒。ただし「恆」は人名用漢字。）

⑨

（活字の旧字体は潛で、書く場合は潜。）

⑩

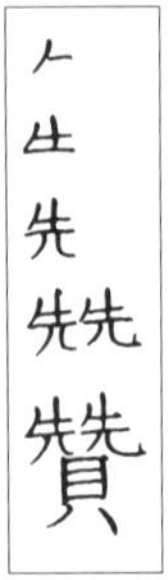

（活字の旧字体は贊で、書く場合は賛。）

⑪

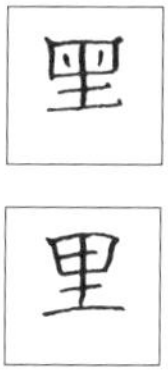

（活字の旧字体は黒墨點黨で、書く場合は黒墨點黨。）

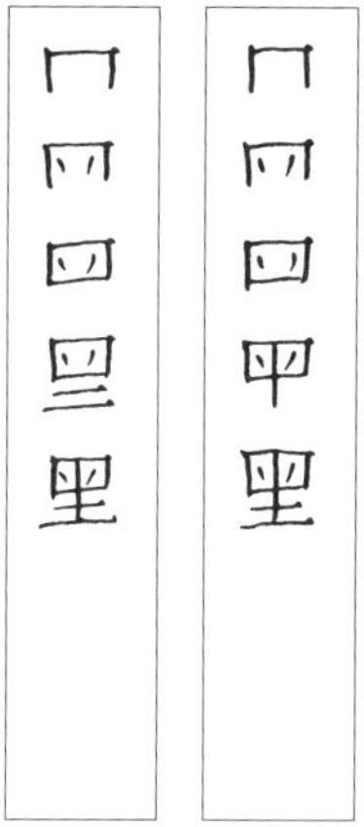

⑫

（活字の旧字体は僧增層憎贈で、書く場合は僧増層憎贈。）

⑬

（活字の旧字体は戶所戾淚で、書く場合は戸所戻涙。）

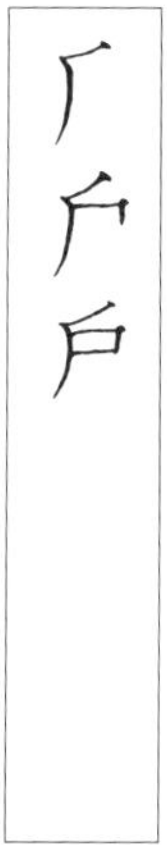

⑭

（活字の旧字体は卽旣鄕、朗郞廊、餘節卿槪慨響で、書く場合は即既郷、朗郎廊、餘節卿概慨響。）

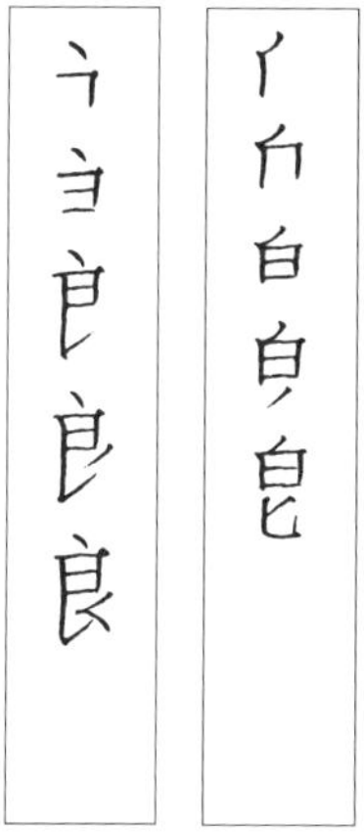

⑮

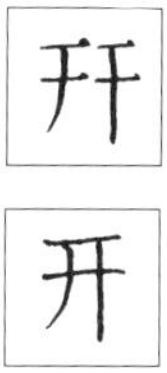

（活字の旧字体は硏で、書く場合は研。）

三　特殊編

この表には、常用漢字表や人名用漢字にはない漢字のうち、よく使われる漢字や筆順のわかりにくい漢字一四七字の筆順を収録した。

読み	美しい書き文字	総画数
アイ	埃	10画
イン	殷	10画
うずら	鶉	19画
うなぎ	鰻	22画
ウン	暈	13画
エイ	盈	9画
	裔	13画
エン	厭	14画

よく使われる漢字の筆順

読み	美しい書き文字	総画数
オウ	謳	18画
	鶯	21画
おきて	掟	11画
カ	訛	11画
ガ	蛾	13画
かえる	蛙	12画
ガク	愕	12画
カツ	猾	13画

濶《カツ》 17画

鰹《かつお》 23画

姦《カン》 9画

緘 15画

翰 16画

諌 16画

艱 17画

癌《ガン》 17画

贋 19画

詭《キ》 13画

蟻《ギ》 19画

謔《ギャク》 16画

咎《キュウ》 8画

柩 9画

嘘《キョ》 14画

嬌《キョウ》 15画

疆 19画

驕 22画

棘《キョク》 12画

硅《ケイ》 11画

閨 14画

睨《ゲイ》 13画

虔《ケン》 10画

鹼 24画

眩《ゲン》 10画

衒 11画

姑《コ》 8画

孤 9画

壺 12画

肛《コウ》 7画

垢 9画

- 恍《コウ》　9画
- 狡　9画
- 寇　11画
- 膠　15画
- 猜《サイ》　11画
- 棹《さお》　12画
- 鑿《サク》　28画
- 鮭《さけ》　17画

- 餐《サン》　16画
- 懺《ザン》　20画
- 讒　24画
- 屍《シ》　9画
- 疵　11画
- 肆　13画
- 奢《シャ》　11画
- 杓《シャク》　7画

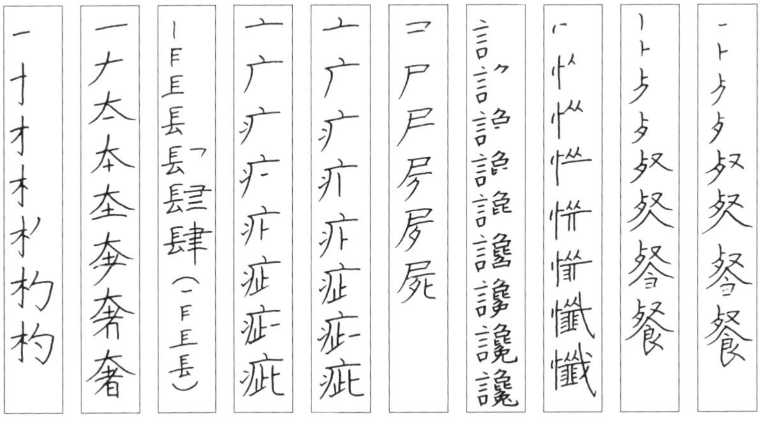

戍《ジュ》 6画

聚《シュウ》 14画

皺 15画

戎《ジュウ》 6画

舅《しゅうと》 13画

浚《シュン》 10画

黍《ショ》 12画

抒《ジョ》 7画

妾《ショウ》 8画

炒 8画

逍 10画

睫 13画

誦 14画

蕭 17画

簫 19画

攘《ジョウ》 18画

た

蝕《ショク》 14画

塵《ジン》 14画

隋《ズイ》 12画

趨《スウ》 17画

鮨《すし》 17画

贅《ゼイ》 18画

泄《セツ》 8画

截 14画

賤《セン》 15画

籤 23画

俎《ソ》 9画

鼠 13画

搔《ソウ》 13画

箏 14画

仄《ソク》 4画

頽《タイ》 16画

見出し	画数
蛋《タン》	11画
誅《チュウ》	13画
剃《テイ》	9画
幀	12画
篆《テン》	15画
澱《デン》	16画
屠《ト》	11画
胚《ハイ》	9画
牌	13画
蠅《はえ》	19画

見出し	画数
跋《バツ》	12画
蛤《はまぐり》	12画
攀《ハン》	19画
痺《ヒ》	14画
謬《ビュウ》	18画
剽《ヒョウ》	13画
屏《ビョウ》	9画
憫《ビン》	15画
腑《フ》	12画

読み	漢字	画数
フ	孵	14画
	麩	15画
フウ	諷	16画
フツ	祓	9画
フン	糞	17画
ヘキ	僻	15画
ボツ	歿	8画
マイ	邁	16画
まま	儘	16画

読み	漢字	画数
まんじ	卍	6画
メイ	瞑	15画
めす	牝	6画
もや	靄	24画
モン	悶	12画
ヤ	爺	13画
やぶ	藪	19画
ヨウ	拗	8画
	痒	11画

よ

甦《よみがえる》 12画

狸《リ》 10画

罹 16画

寥《リョウ》 14画

吝《リン》 7画

聯《レン》 17画

鹵《ロ》 11画

牢《ロウ》 7画

陋 9画

臘 19画

朧 20画

歪《ワイ》 9画

猥 12画

矮 13画

嗤《わらう》 13画

第三

許容される字形一覧

昭和二十四年にきめられた当用漢字の字体は、活字の形をきめ、その字体表では活字の一つ（ゴシック）の形で示してある。この字体の決定によって、小学校用教科書で使用する教科書体という名称の活字も、二十四年の字体表に示してある形によった。

しかし、字体表に示されている形のままでは、書く字としては不適当なために、最小限これを修正して、教科書体活字ができた。しかし、それでも書き文字としては適当でないと思われるものが沢山ある。

戦前の国定教科書に使用されていた活字は、井上千圃《いのうえせんぽ》という人が書いた字をもとにしていたために書き文字として支障はなかったが、現在の教科書体は明朝体などの活字デザイナーがデザインしたために、画の長さなどが明朝体と同じ形になっていて、そのためにも書き文字として美しくない字が沢山ある。

ところが、昭和五十二年、文部省（現文部科学省）は小学校学習指導要領で、学習漢字の標準の形というものを示した。しかし、急いできめられたために、統一を欠くものや形のよくないものが沢山あって、標準としては適当でないとの批判がある。

ただ、標準の形ということに対して、この形でなければ漢字テストなどでは×になるという誤った考えの人がいる。これに対して、文部省は、同年十月七日付の初等中等教育局長の名で「漢字の指導の際、標準の形以外の字を誤りとしないように留意してほしい」という旨の通達を出している。

また、昭和五十六年十月一日に、内閣から告示された『常用漢字表』でも、「明朝体活字と筆写の楷書との関係について」の一項をつくって、書き文字としての形は活字と異なってよい旨を、簡明に説明している。

漢字というものは、もともとその形には多少の違いの幅があること、書き文字として美しい形・美しくない形があること、大人になり社会人となった場合にどちらでもよい（どちらも正しいの意、たとえば木と木）ものを、必要以上に教科書体以外の形を誤りとする指導はよくないことを知っていなければならない。

事実、小学校の先生が、教科書体活字（教科書の字）のとおりに書くことは、ほとんど不可能のことである。そのことは次ページの例を見ても理解できる。

したがって、筆順「一般編」では、学習漢字についても、できるだけ標準の形にのっとりながらも美しい形の字を示し、また小学校の先生方が関心をもっている箇所では標準の形をあわせ示した。

なお、224ページから、教科書体活字とほんの少し異なる形、少し異なる形、やや異なる形など、段階的に、書き文字として許容される形をわかりやすく示した。

《追記》平成二十二年に改定された「常用漢字表」では、「(付)字体についての解説」が付され、明朝体と筆写の楷書との関係が説明されている(その一部を241ページに掲載した。)。また、平成二十八年には、文化審議会国語分科会報告『常用漢字表の字体・字形に関する指針』が文化庁より発表された。ここでは、すべての常用漢字について手書き文字の字形と印刷文字の字形との関係が説明されている。

ここに10の学習漢字を、いろいろの形で示し、それぞれの標準の形に◎印を付けました。あなたは、これらの違いがわかりますか。そして、その中の一つ、標準の形を覚え、そして、それを書こうと思いますか。

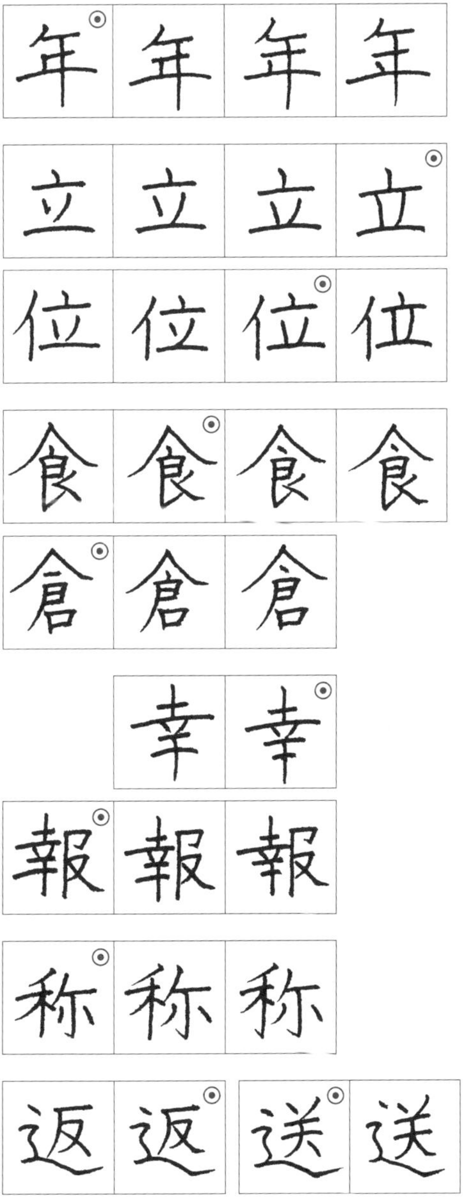

(もちろん、ここに示した字は、すべて○です。)

□の中の上が教科書体活字の形で、その下に許容の形を示してある。しかし、書く場合、許容の形の方がむしろ一般的で、また美しい字の形ともなるので、それもあわせ解説した。ほとんど目だたない形から始まって、32までだんだん目だつ形になるように配列し、abc三つの段階に分けて表示してある。aがほんの少し異なる形、bが少し異なる形、cがやや異なる形である。

1

つけるか・はなすか。　a

2

とめるか・払うか。　a

3

短い画を斜め点にかえる。　a

4

短い画を斜め点にかえる。　a

5

点の方向。　a

6

へんの最終画は、とめても、払い上げてもよい。　a

7

はねの部分をとめてもよい。　a

狭い場所では簡単にしてよい。a

8

狭い中では、払うよりもとめた方がよい。a

9

払うよりもとめる方が書きやすい。a b
公欠次などの字では大きく目だつので、その意味で**b**であり、**委**などの字では小さくて目だたないので**a**と考えてよい。ただ、鉛筆などで書く場合、この種のちがいは、あまり気にならない程度となる。

10

11

12

上から書いてくると下が狭くなり、狭い場所で最終画を払う形で書くよりは、とめる形で書く方が書きやすく、昔からこの形で書いてきた。b

13

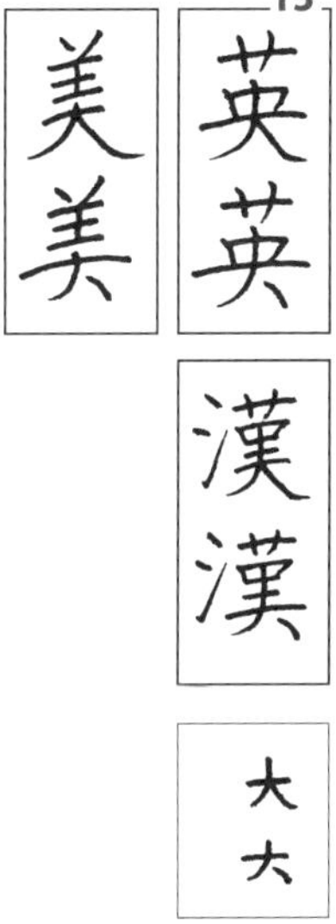

㑒の二画目を払えば、最終画はとめる方がよく、炎の最終画を払うので、上の方のはとめるのがよい。b
食養は㑒と同じく、上を払い、下をとめるのがよい。b

14

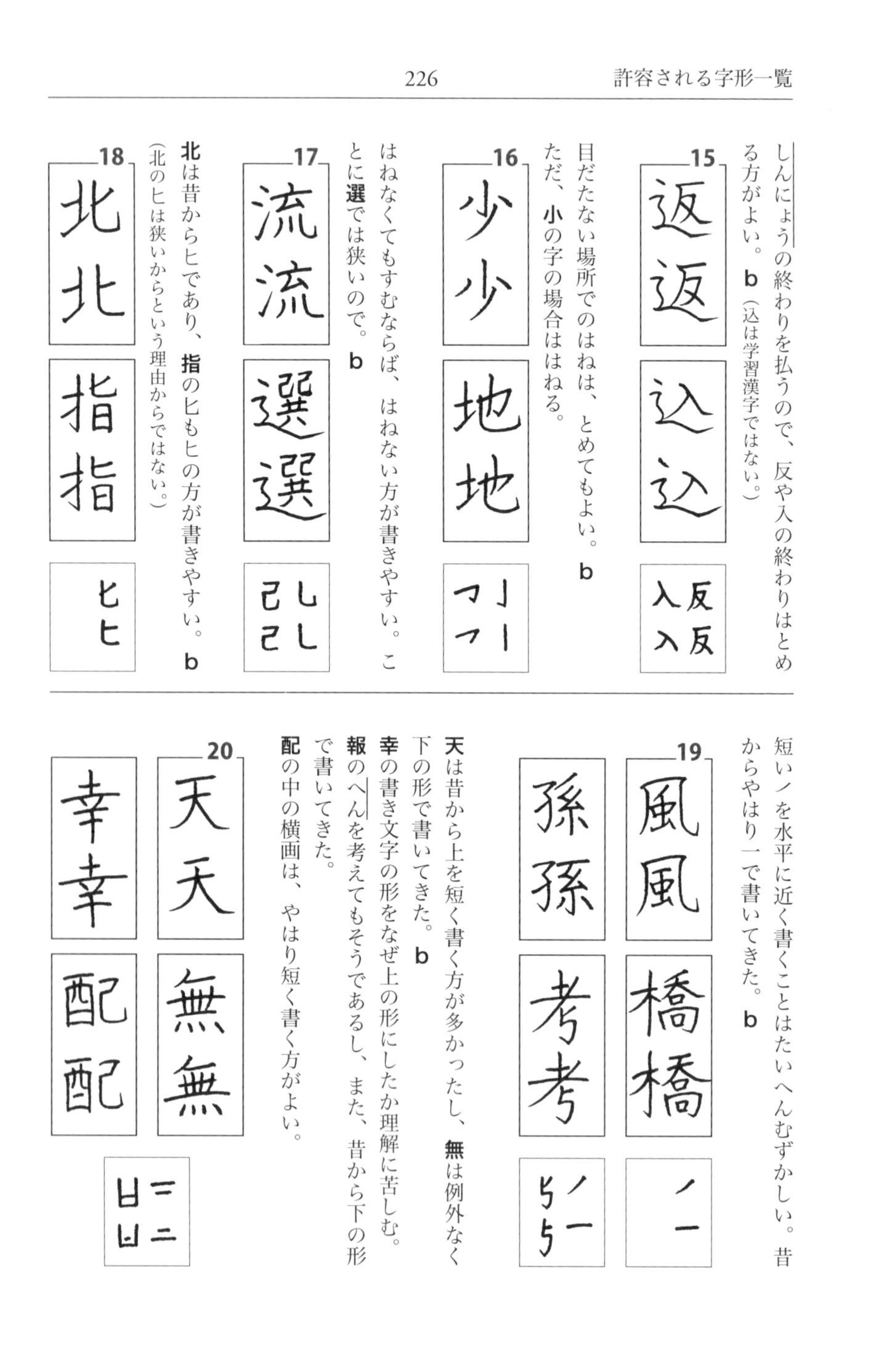

しんにょうの終わりを払うので、反や入の終わりはとめる方がよい。b（込は学習漢字ではない。）

15

返返　込込

目だたない場所でのはねは、とめてもよい。b
ただ、小の字の場合ははねる。

16

少少　地地

はねなくてもすむならば、はねない方が書きやすい。ことに選では狭いので。b

17

流流　選選

北は昔からヒであり、**指**の匕もヒの方が書きやすい。b
（北の匕は狭いからという理由からではない。）

18

北北　指指

短いノを水平に近く書くことはたいへんむずかしい。昔からやはり一で書いてきた。b

19

風風　橋橋

孫孫　考考

天は昔から上を短く書く方が多かったし、**無**は例外なく下の形で書いてきた。b

幸の書き文字の形をなぜ上の形にしたか理解に苦しむ。**報**のへんを考えてもそうであるし、また、昔から下の形で書いてきた。

配の中の横画は、やはり短く書く方がよい。

20

天天　無無

幸幸　配配

木禾米采釆や牛などは、昔から書く場合は、下端をとめたのが絶無ではないが、やはり、はねる方が普通であった。**b**

逆に、扌と犭は、とめた形は考えられない。

21

木米末未や**東**などは、書く場合は例外がないといってよいほど、はねた形で書いてきた。**b**

味などのようにつくりにある字でも同じ。**b**　ただ**本**の字は五画目があるので、はねない方がよい。

22

新親や**雑**のへんの下半の木は、狭いので昔からカタカナのホの形で書いてきた。**c**

保条や、**葉業**の下の木も同じである。**c**

23

育や**青胃**などの⺼、**前**や**能**などの⺼も、昔から月の形で書く方が多かった。**c**

24

刊の三画目や**判**の五画目は、左下に払う形が書きやすい。**c**　へんが干（カン）・半（ハン）であっても変形することは当然。

25

同じ形をくり返すことは、昔から避けてきたし、また、最終画を右上にはね上げるのは合理的でもない。**c**

26

二つ同じ形がある場合は簡単な形の方がよく、また、**選**などは画数が多くて小さくなるので、簡単な形がよい。**c**

27

旅も**脈**も、下の形で書く方が書きやすい。**c**

28

いとへんは、昔から下の形で書いてきた。**c** 下の形は、形が活字とは明らかに異なり、また筆順も違っているので、このことからいえば**c**となる。

29

外の字は、戦後長い間、学校では下の形で書いてきた。**b** **望**の字の月は斜めであるので、形がとりにくい。昔から下の形で書く方が多かった。**b** **称**の字の九画目は、小示などと同様、標準の形を払った形にするのがよい。明らかにミス。**弟第**の字は、才や木東と同様、多くはねて書いてきた。**b**

30

年の字の許容の形の上二つは**a**、三つ目は**b**である。

31

改の字の許容の形の上は**a**、下は**b**である。

32

第四

美しく書くためのポイント

漢字の指導は小さい時から よい形で与えなければならない

漢字を教える場合、小さい時から美しい形の字を見せ、美しい字を見なれ、そして、美しい形で書けるようにするのがよい。そのために書写という指導の時間が必要なのである。

文部省（現文部科学省）は、さきに学習漢字について標準の形をきめた。しかし、それをきめる際、書写を指導する時のことを念頭におかないできめた、と聞いている。そのため、標準の形の中には、形のよくない字がかなり混ざっている。

たとえば幸の字を例にとって標準の形を見ると、下の表の**B**列にある形になっている。すなわち、3よりも4が短くなっている。しかし、幸の字の形は、**A**列の形がよいのであって、**B**列の形はよくない。

また、幸の字を、報の字とくらべて見ると、同じ形をしている幸（へん）は、幸の字とは逆に3よりも4が長くなっている。いえば、統一がないのである。（文部省は、案を発表した段階では、幸の字を**A**列の形で発表したが、本ぎまりの段階で**B**列の形に変更した。）

報の字の場合、標準の形は、**B**列のように4は、3よりはもちろん、2よりも長い。この形はよくない。昔から**A**列の形がよいとされている。

A列は形のよい字。

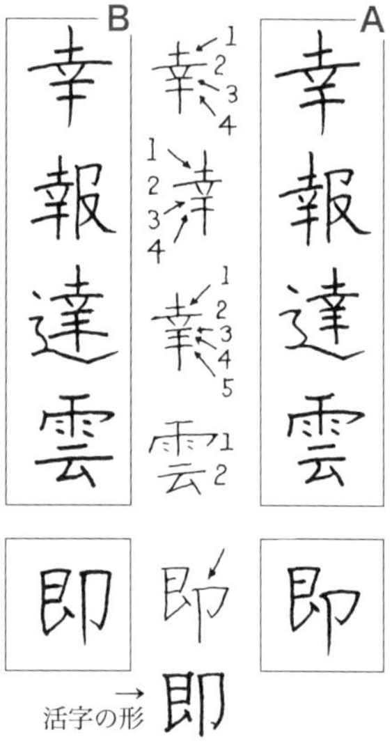

B列は文部省（現文部科学省）がきめた標準の形。

達の字の場合も同様、標準の形は5が2よりも長い。こんな形は異様に感じるくらい形がよくない。やはり**A**列の形がよい。

また、雲の字も、1の左右が広いので2の幅を狭くした形がよい。それなのに、標準の形は2を1よりさらに広くして、よくない形になっている。

以上の四つの字は、不思議に、すべてよくない**B**列の形を標準の形にしている。ただ、このようなことは形がよいかどうかの問題であって、正誤（○×・まるばつ）の問題ではない。したがって、たとえば幸の字の場合、3より4

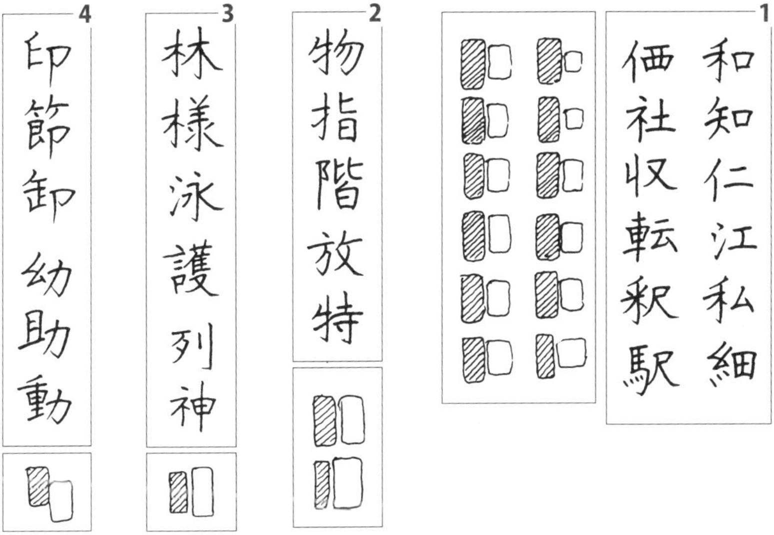

を長く書いた字に対して、標準の形と異なっているからとこれを×にするのはよくない。

なお、学習漢字でないが、即の字を活字で見ると、**B**列のような形になっている。これは、字を正方形の中いっぱいにデザインする現在の活字特有の形である。やはり即の字は、**A**列の形のように、卩（ふしづくり）を下げて書いた形がよい。

下の表を見ると、へんとつくりの組み合わせがわかる。つくりが小さい和の字から、だんだんそれが大きくなっていって、指の字で両者が同じになり、林の字で逆転する。

次いで、印の字は、へんとつくりが上下にずれた形、伝統的な表現では筏《いかだ》にするという形になり、味や明の字はへんが小さく左上にある形となる。

上の**1表**では、へんが上下いっぱいの大きさであるのに対して、つくりがロニエム田……云尺とだんだん大きく

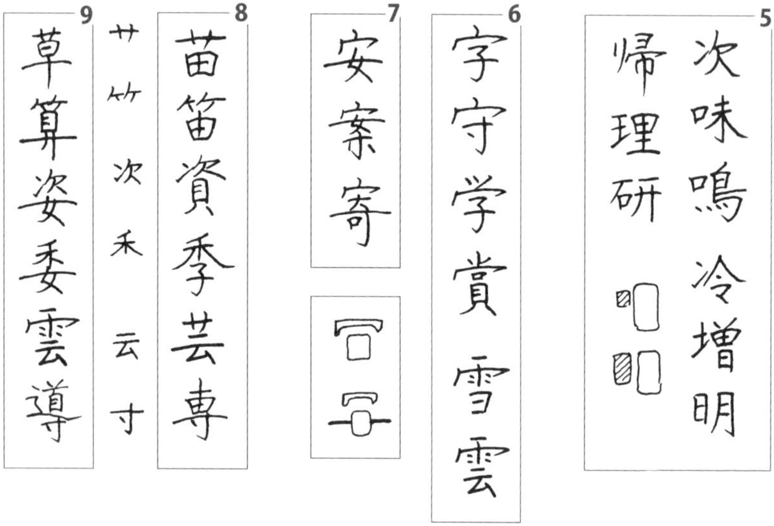

なっていくが、それでもつくりは常に上下の中程にあるのがよい。

前ページの**2表**の字は、へんとつくりが上下同じ大きさで、最も常識的な形である。同じく**3表**の字は、へんよりもつくりが大きくなる形の例で、つくりは上にも下にも同じくらい出るわけである。

4表は、へんが上に上がり、つくりが下に下がる形で、こんな形の例はそう沢山はない。卩と力に限られると考えてよいが、それでも、たとえば肋の字などは両者がそろう形で、力を下げては書かないし、活字では筏にしないで両者の上下をそろえた形にしている。

5表は、へんが小さい字で、この場合は、その小さいへんは左上の方に上げて書く。このたぐいの字は活字でもへんを上げた形にしている。

6表と**7表**は、かんむりのある字で、そのほとんどは**6表**の例のように、かんむりが大きくかぶさって、下の部分は幅の狭い形になっている。ところが、**7表**のように、かんむりの下に女がある字、たとえば安案宴の字や、奇などがあると、それらの横画が長くなって、逆にかんむりの幅は狭くなる。

8表と**9表**は、上下に重なる形の字で、同じくさかんむり・たけかんむりや、次・禾・云・寸にしても、もう一つの部分が小さければ大きくなり、もう一つの部分が大きくなれば逆に小さくなる、そのように書くとよい形になる字の例である。

10表の字のように、左右に払う画がある場合、それだけを長く伸ばして、そのほかの画は幅を遠慮して狭くする。

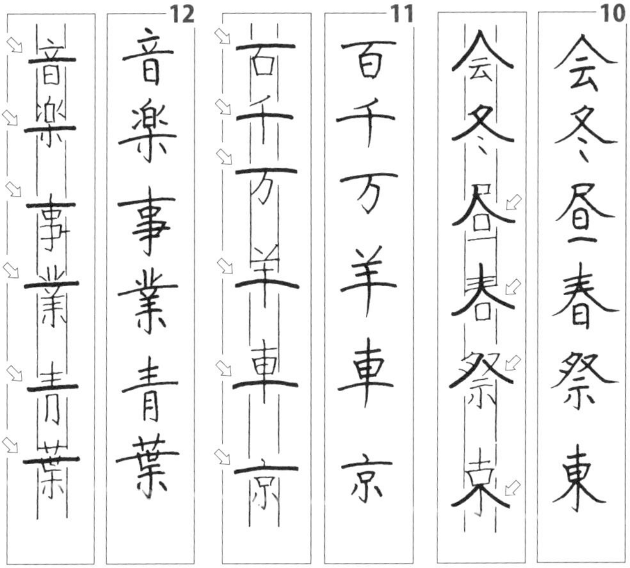

11表の字は、横画のどれか一つだけ（それはきまっている）を長くして、ほかは長くしないで書く形の字である。

12表は、**11表**のような形の字がいかに沢山あるかを知ることができる例である。

13表の上は、寺の字や、寺が部分になっている字では、必ず、矢印の横画を長くして、ほかの横画は長くしない形がよいことを示し、同じく**13表**の下にある無や舞の字は、三番目の横画を長くして、そのほかの横画は短く書くのがよいことを示す。

ところが、小学校の書写では、寺時等などの字をこの形で指導しているのにもかかわらず、大人になると多くの人が三番目の横画を長く書いている。これなどは書写の指導が徹底していない証拠である。

また、無の字にしても、標準の形は二番目の横画を長くして、三番目の横画を短くした形になっている。無の字の場合は、標準の形を改め、筆順も昔からの順序で指導するのがよいと思われる。

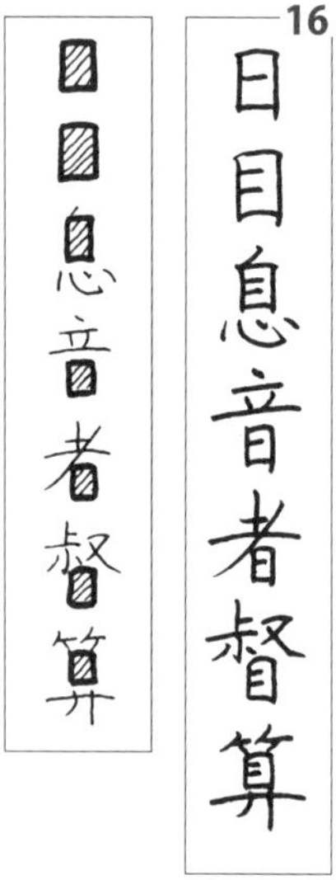

15表の字も、活字では、四角い部分を下のすぼまらない形にしている。

14表は、前ページの形のことを、もう一度別の例で説明したもので、里の字ではいちばん下の横画を長く書くが、重や童の字になると、矢印の横画を長くするので、いちばん下の横画は長くしない。

また、黒の字は、四つの点を左右幅広くうつために里は幅狭くし、墨の字になっても、四つの点を幅広くうつために、土は幅広くしない。さらに薫の字では、矢印の横画を長くするために、四つの点は幅狭くうつという形にするのがよい。

漢字には、四角い部分のある字がかなり沢山ある。それらのうちで、**15表**にある字は、その四角い部分を下すぼまりの形で書き、**16表**にある字は、その部分を下をすぼめない形で書く。

また、**17表**の字は、一字の中に、下をすぼめる四角い部分と、下をすぼめない四角い部分の両者がまざっている形の字である。

18表は、内や肉の字のように下をすぼめない字もあれば、

雨や**両**の字のように下をすぼめる字もあるので、これらを書きわけることが必要であり、また、**南**の字は下をすぼめるのに、同じ形が部分になっている**献**の字では下をすぼめない形にし、**高**の字のように下をすぼめるのもあれば、**商**の字のように下をすぼめないのもある。

これらの区別は、活字を見ていてはわからないので、やはり書き文字としての美しい形の手本などを見て練習するとよい。

19表は、二つか三つの左払いを平行には書かないで、末広がり（放射状）に書くとよい形になる字の例である。こんな部分のある字は案外多い。

20表は、字の左上から右下に斜めの画がある字ではその斜め画は思いきって長く書くとよく、**21表**のしやしは、なべ底のような形で書くのがよい。

22表は、字を人の体に見たてていえば、ひざから下が長く見えるように書くと、形がよくなる例である。

付録

- ひらがなとカタカナの筆順
- ローマ字の筆順
- 手書きの字体について

ひらがなとカタカナの筆順

ひらがな・カタカナは、現在四六文字を使っている。(なお、戦前はゐとゑを加えた四八字、いろは歌はんがないので四七字である。)

ひらがな・カタカナは、漢字とちがって、筆順は一字に一つである。

ひらがなの筆順

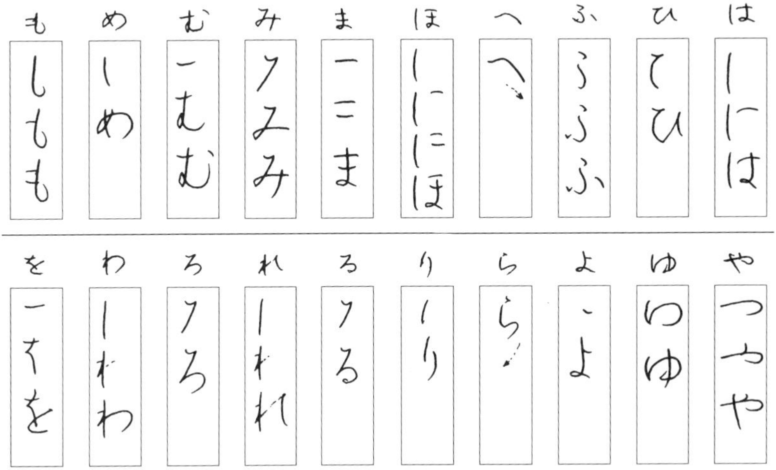
は ひ ふ へ ほ ま み む め も
や ゆ よ ら り る れ ろ わ を

ん

カタカナの筆順

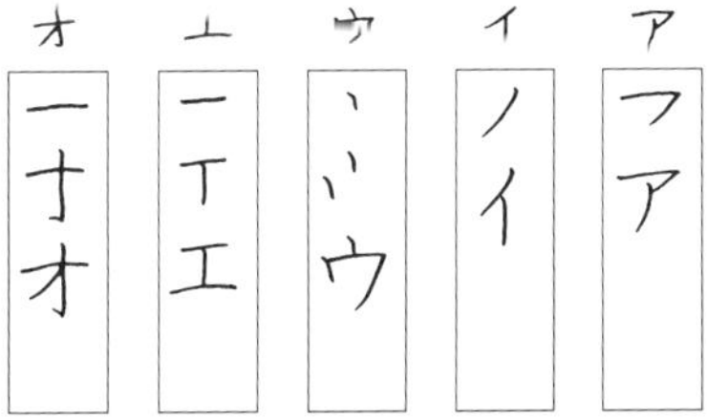
ア イ ウ エ オ

カ キ ク ケ コ サ シ ス セ ソ
タ チ ツ テ ト ナ ニ ヌ ネ ノ

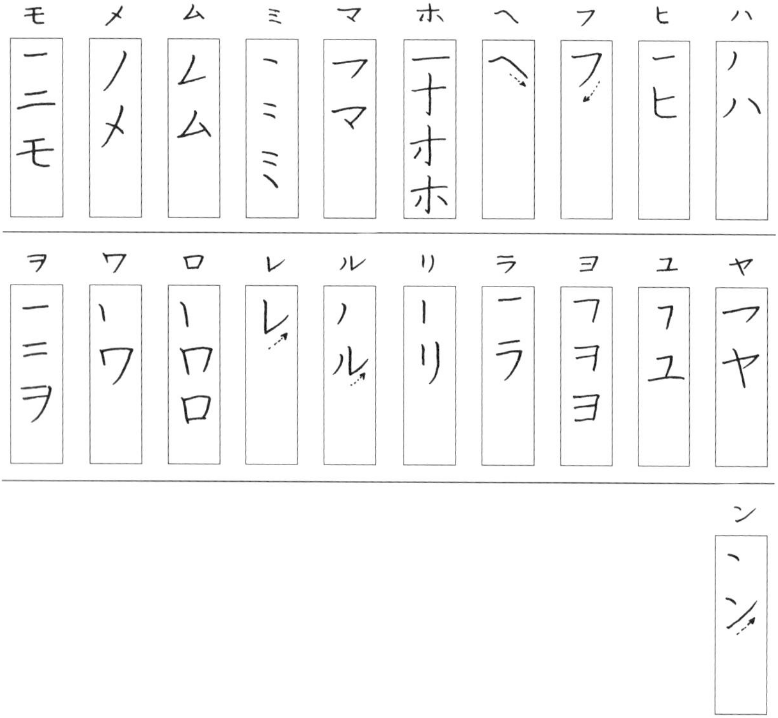

文部省（現文部科学省）が小学校現場の先生方からの要望にこたえて『筆順指導の手びき』を出したとき、その筆順が一字一筆順になっているのを見て、間もなく、ひらがなやカタカナの筆順も文部省できめてほしいとの要望があった。

ひらがなやカタカナは、もともと一字一筆順であるのに、この要望はなんの意味をもっていたか。それは、たとえば次のような筆順をどちらか一つに改めてほしいということなのである。

も（しこ）　よ（こよ）

モ（ニし）　上（｜ー一）

すなわち、**も**の字のしが先なのに対して、**モ**の字はニが先であり、**上**の字はまず縦画を先に書くのに対して、**よ**の字はあとである。文部省でどちらか一方にきめてほしいというわけである。

文部省といえども、こんな乱暴な要望にはこたえられるはずがない。これでは指導の手びきではなくて、変革である。

ローマ字の筆順

大文字の筆順

ローマ字は，漢字や仮名のようには筆順がはっきり決まっていない。大文字では，↑のようにはっきり真上に向けて書くことはたいへん無理がかかるので，その筆順はないが，↗（斜め右上へ）や，⤴（湾曲しながら上がっていく）の筆順はある。

小文字の筆順

小文字では,たとえばm･n･uのように,線の始めと終わりを曲げる形と,曲げない形とがある。曲げる形をとるならば,該当する部分はすべて曲げる形にそろえ,曲げない形をとるならば,また,すべてその形にそろえなければならない。

手書きの字体について

常用漢字表には「（付）字体についての解説」が付され、明朝体の字形には細かなデザイン差によってさまざまな種類があること、明朝体と筆写の楷書（手書きの字の形）との間にはいろいろな点で違いがあることの二点が、具体例を挙げて説明されている。漢字を手書きする上で重要なことが示されている「第２　明朝体と筆写の楷書との関係について」を以下に引用する。

第２　明朝体と筆写の楷書との関係について

常用漢字表では、個々の漢字の字体（文字の骨組み）を、明朝体のうちの一種を例に用いて示した。このことは、これによって筆写の楷書における書き方の習慣を改めようとするものではない。字体としては同じであっても、１、２に示すように明朝体の字形と筆写の楷書の字形との間には、いろいろな点で違いがある。それらは、印刷文字と手書き文字におけるそれぞれの習慣の相違に基づく表現の差と見るべきものである。

さらに、印刷文字と手書き文字におけるそれぞれの習慣の相違に基づく表現の差は、３に示すように、字体（文字の骨組み）の違いに及ぶ場合もある。

以下に、分類して、それぞれの例を示す。いずれも「明朝体―手書き（筆写の楷書）」という形で、上（原文は左側）に明朝体、下（原文は右側）にそれを手書きした例を示す。

1　明朝体に特徴的な表現の仕方があるもの

(1) 折り方に関する例

衣―衣　去―去　玄―玄

(2) 点画の組合せ方に関する例

人―人　家―家　北―北

(3) 「筆押さえ」等に関する例

芝―芝　史―史

入―入　八―八

(4) 曲直に関する例

子―子　手―手　了―了

(5) その他

辶・辶―辶　⺮―⺮　心―心

2　筆写の楷書では、いろいろな書き方があるもの

(1) 長短に関する例

雨―雨雨　戸―戸戸

無―無無

(2) 方向に関する例

風―風風　比―比比

仰―仰仰

糸—糸糸　礻—礻礻　衤—衤衤

主—主主　言—言言言

年—年年年

(3) つけるか、はなすかに関する例

又—又又　文—文文

月—月月

条—条条　保—保保

(4) はらうか、とめるかに関する例

奥—奥奥　公—公公

角—角角　骨—骨骨

(5) はねるか、とめるかに関する例

切—切切切　改—改改改

酒—酒酒　陸—陸陸陸

穴—穴穴穴

木—木木　来—来来

糸—糸糸　牛—牛牛

環—環環

(6) その他

令—令令　外—外外外

女—女女　叱—叱叱叱

3　筆写の楷書字形と印刷文字字形の違いが、字体の違いに及ぶもの

以下に示す例で、括弧内は印刷文字である明朝体の字形に倣って書いたものであるが、筆写の楷書ではどちらの字形で書いても差し支えない。なお、括弧内の字形の方が、筆写字形としても一般的な場合がある。

(1) 方向に関する例

淫—淫（淫）　恣—恣（恣）

煎—煎（煎）　嘲—嘲（嘲）

溺—溺（溺）　蔽—蔽（蔽）

(2) 点画の簡略化に関する例

葛—葛（葛）　嗅—嗅（嗅）

僅—僅（僅）　餌—餌（餌）

箋—箋（箋）　塡—塡（塡）

賭—賭（賭）　頰—頰（頰）

(3) その他

惧—惧（惧）　稽—稽（稽）

詮—詮（詮）　捗—捗（捗）

剝—剝（剝）　喩—喩（喩）

音訓引き漢字索引

本表（筆順「一般編」「特殊編」）に収録した漢字を，音と訓の五十音順に配列しました。同じ音あるいは同じ訓の場合は総画数順に配列しました。

常用漢字については「常用漢字表」掲載の音訓を，それ以外の漢字については代表的な音訓を掲げました。カタカナは音，ひらがなは訓であることを示します。

辶は書く場合は辶と区別せず，一般には辶の形で書き，本表もそれに従っていますので，本索引も辶の形で示しています。

（　）は本表で採用している字形を示します。

この索引は活字の字形ですが，本表は筆写の形を示していますので，細部は必ずしも一致していません。

ア

ア
亜 35
亞 35
阿 35
アイ
哀 35
埃 212
挨 35
愛 35
曖 35
あい
相 134
藍 199
あいだ
間 57
あう
会 49
合 87
逢 184
會(會) 49
遭 137
あお
青 125
蒼 136
あおい
青 125
葵 35
あおぐ
仰 68
あか
赤 127
垢 214
あかい
赤 127
あかす
明 190
飽 184
あかつき
暁 69
曉 69
あかね
茜 35
あからむ
赤 127
明 190
あからめる
赤 127
あかり
明 190
あがる
上 116
挙 66
揚 196
擧 66
あかるい
明 190
あかるむ
明 190
あき
秋 106
あきなう
商 113
あきら
彬 35
あきらか
明 190
晃 85
あきらめる
諦 155
あきる
飽 184
アク
悪 35
惡 35
握 35
渥 35
あく
明 190
空 71
開 50
あくた
芥 49
あくる
明 190
あける
明 190
空 71
開 50
あげる
上 116
挙 66
揚 196
擧 66
あご
顎 53
あこがれる
憧 115
あさ
麻 187
朝 150
あざ
字 100
あさい
浅 130
淺 130
あざける
嘲(嘲) 151
あさひ
旭 69
あざむく
欺 62
あざやか
鮮 132
あし
足 138
脚 64
葦 35
あじ
味 189
あじわう
味 189
あずかる
預 195
あずける
預 195
あずさ
梓 99
あせ
汗 55
あせる
焦 114
あそぶ
遊 195
あたい
価 46
値 146
價 46
あたえる
与 195
與 195
あたたか
温 46
暖 146
あたたかい
温 46
暖 146
あたたまる
温 46
暖 146
あたためる
温 46
暖 146
あたま
頭 160
あたらしい
新 120
あたり
辺 181
邊 181
あたる
当 158
當 158
アツ
圧 36
斡 36
壓 36
あつい
厚 84
惇 110
淳 110
敦 163
暑 111
渥 35
熱 165
醇 111
あつかう
扱 36
あつまる
集 107

カ

ク

くるおしい
狂 67
くるしい
苦 71
くるしむ
苦 71
くるしめる
苦 71
くるま
車 103
くれない
紅 85
くれる
暮 183
くろ
黒 88
くろい
黒 88
くわ
桑 135
くわえる
加 46
くわしい
詳 115
くわだてる
企 59
くわわる
加 46
クン
君 72
訓 72
勲 72
薫 72
グン
軍 73
郡 73
群 73

ケ

ケ
化 46
仮 46
気 60
家 47
氣 60
華 47
假 46
懸 79
け
毛 191
ゲ
下 46
牙 48
外 51
夏 47
解 50
ケイ
兄 73
刑 73
圭 73
形 73
系 73
京 67
径 73
茎 73
係 73
型 73
契 73
計 73
卿 74
徑 73
恵 74
桂 74
莖(莖) 73
啓 74
掲 74
渓 74
硅 214
経 74
蛍 74
卿(卿) 74
惠 74
揭 74
敬 74
景 74
軽 74
傾 75
携 75
溪(溪) 74
經 74
継 75
詣 75
境 68
輕 75
閨 214
慶 75
慧 75
憬 75
稽 75
憩 75
螢 74
繫 75
警 75
鶏 75
競 68
繼 75
鷄 75
ゲイ
芸 75
迎 76
睨 214
藝 75
鯨 76
けがす
汚 44
けがらわしい
汚 44
けがれる
汚 44
ゲキ
隙 76
劇 76
撃 76
激 76
擊 76
けす
消 113
けずる
削 93
けた
桁 76
ケツ
欠 76
穴 76
血 76
決 76
缺 76
結 76
傑 76
潔 76
ゲツ
月 77
けむい
煙 43
けむり
煙 43
けむる
煙 43
けもの
獣 108
獸 108
ける
蹴 107
けわしい
峻 109
険 78
險 78
ケン
犬 77
件 77
見 77
券 77
肩 77
建 77
研 77
県 77
倹 77
兼 77
剣 77
拳 77
虔 214
軒 77
健 77
険 78
喧 78
圏 78
堅 78
検 78
牽(牽) 78
硯 78
絢 78
間 57
嫌 78
献 78
絹 78
遣 78
儉 77
劍 77
権 79
憲 79
縣 77
賢 79
險 78
檢 78
謙 79
鍵 79
繭 79
顕 79
験 79
懸 79
獻 78
權(權) 79
顯 79
驗 79
鹼 214
ゲン
元 80
幻 80
玄 80
言 80
弦 80
限 80
原 80
眩 214
現 80
眼 59
舷 80
衒 214
減 80
嫌 78
源 80
諺 80
厳 80
験 79
嚴 80
驗 79

コ

コ
己 80
戸 80
去 65
古 81
呼 81
固 81
姑 214
拠 66
股 81
虎 81
孤 81
弧 81
故 81
枯 81
狐 214
個 81
庫 81
虚 66
壺 214
湖 81

ス

チ

ナ

ニ

音訓引き漢字索引

フ

ヘ

ム

メ

モ

ヤ

ユ

ヨ

画数引き漢字索引

本表（筆順「一般編」「特殊編」）に収録した漢字を画数順に配列しました。

辶は書く場合は⻌と区別せず，一般には⻌の形で書き，本表もそれに従っていますので，本索引も⻌の形で示して，３画と数えてあります。また，臣は７画，瓜は６画と数えてあります。

（　）は本表で採用している字形を示します。

この索引は活字の字形ですが，本表は筆写の形を示していますので，細部は必ずしも一致していません。

1画
一 39
乙 45

2画
七 101
丁 149
乃 142
九 64
了 201
二 164
人 121
入 164
八 169
刀 157
力 203
十 107
又 188

3画
下 46
三 95
上 116
丈 116
万 188
与 195
丸 58
之 96
久 64
及 64
乞 87
也 192
亡 185
凡 187
刃 121
勺 103
千 129
叉 89
口 82
土 157
士 96
夕 127
大 142
女 111
子 96
寸 124
小 112
山 95
川 129
工 82
己 80
巳 189
巾 69
干 55
弓 64
才 90

4画
丑 40
不 176
中 148
丹 144
乏 185
予 195
五 82
互 82
井 124
介 49
今 89
仁 121
仄 217
仏 179
允 39
元 80
公 82
六 207
円 42
内 163
冗 116
凶 67
刈 55
切 128
分 180
勾 82
匂 164
匁 192
化 46
区 71
匹 174
午 82
升 112
厄 193
収 105
双 134
反 170
友 194
太 141
天 156
夫 176
孔 83
少 112
尺 103
屯 163
巴 162
幻 80
引 39
弔 149
心 119
戸 80
手 104
支 96
文 180
斗 157
斤 69
方 183
日 164
月 77
木 186
欠 76
止 97
比 172
毛 191
氏 97
水 122
火 46
爪 153
父 177
片 181
牙 48
牛 65
犬 77
王 44

5画
且 54
丘 64
世 124
丙 180
巨 66
主 104
丼 163
以 36
仕 97
仙 130
他 140
代 142
付 177
令 204
兄 73
冊 94
写 102
処 111
凹 44
出 109
凸 162
刊 55
加 46
功 83
包 183
北 186
半 170
占 130
卯 40
去 65
右 40
可 46
句 71
古 81
号 87
司 97
史 97
只 144
叱 101
召 112
台 142
四 97
囚 105
圧 36
冬 158
外 51
央 44
失 102
奴 157
尻 119
尼 164
巧 83
左 89
市 97
布 177
平 180
幼 195
広 83
庁 149
弁 182
弘 83
必 174
打 140
払 179
斥 127
旧 64

対 141
局 69
尿 164
尾 173
岐 60
巫 177
希 60
序 111
床 112
廷 153
弄 207
弟 153
形 73
役 193
応 44
忌 60
志 97
忍 164
忘 185
快 49
我 48
戒 49
戻 204
技 62
抗 84
抒 216
抄 112
折 129
択 143
投 158
把 165
抜 170
批 172
扶 177
抑 197
改 49
攻 84
更 84
杏 67
材 93
杓 215
条 116
杖 116
杉 124
束 138
村 140
来 198
李 199
歩 182
毎 187
求 64
汽 60
汲(汲) 72
決 76
沙 90
汰 140
沢 143
沖 148
沈 152
没 187
沃 197
灸 65
災 90
灼 103
牡 45
牢 220
状 116
狂 67
甫 169
男 145
町 149
社 103
私 97
秀 106
究 65
系 73
肝 55
肛 214
肖 112
肘 174
臣 119
良 201
花 46
芥 49
芸 75
芯 119
芙 177
芳 183
見 77
角 52
言 80
谷 88
豆 158
貝 51
赤 127
走 134
足 138
身 119
車 103
辛 119
辰 119
近 69
迎 76
返 181
那 163
邦 183
酉 163
里 199
阪 171
防 185
麦 168

8画

並 180
乳 164
事 100
亞 35
京 67
享 67
依 37
価 46
佳 46
供 67
使 98
侍 100
舎 103
侮 178
併 180
侑 194
來 198
例 204
尭 68
兒 100
免 191
兩 201
具 71
其 139
典 156
函 55
券 77
刻 88
刷 94
刹 94
刺 98
制 124
到 158
劾 51
効 84
協 67
卒 139
卓 143
参 95
取 104
受 105
叔 108
咎 213
呼 81
呪 105
周 106
味 189
命 190
和 208
固 81
国 88
垂 122
坦 144
坪 153
夜 192
奇 60
奈 163
奉 183
奔 187
委 37
姑 214
妻 90
姉 98
始 98
妾 216
姓 125
妬 157
妹 187
学 53
季 60
孟 191
宛 36
官 55
宜 62
実 102
宗 106
宙 148
定 153
宝 183
尚 112
居 66
屈 72
届 162
屆 162
岡 45
岳 53
岩 59
岸 59
岬 189
帖 149
幸 84
底 153
店 156
府 177
延 42
弦 80
弥 192
往 44
径 73
征 125
彼 172
忠 148
念 165
怪 49
性 125
怖 177
怜 204
或 36
所 111
房 185
承 112
押 44
拐 49
拡 52
拒 66
拠 66
拘 84
招 112
拙 129
拓 143
担 144
抽 148
抵 153
拝 166
拍 168
拔 170
披 172
拂 179
抱 183
抹 188
拗 219
拉 198
放 183
於 44
易 41
旺 44
昂 84
昆 89
昇 112

9画

盈 212
盆 187
看 55
県 77
盾 110
省 125
相 134
眉 174
冒 185
研 77
砂 90
砕 91
祝 108
神 119
祖 133
祓 219
祐 194
科 47
秋 106
秒 175
窃 129
竿 56
紀 60
級 65
糾 65
紅 85
約 193
美 174
耐 141
耶 192
胃 37
胤 39
胎 141
胆 145
背 166
肺 166
胚 218
胞 184
臥 48
臭 106
茜 35
茨 39
荒 85
草 135
荘 135
茶 147
虐 64
虹 164
衷 148
衿 70
要 196
計 73
訂 154
訃 177
貞 153
負 177
赴 177
軌 60
軍 73
逆 64
送 135
退 141
追 152
逃 158
迷 190
郁 38
郊 85
郎 207
重 107
限 80
陋 220
面 191
革 52
音 46
風 178
飛 173
食 118
首 104
香 85

10画

乗 116
俺 46
倹 77
個 81
候 85
借 103
修 106
倉 135
値 146
倒 158
俳 166
倍 167
俵 175
倣 184
俸 184
倫 203
党 159
兼 77
冥 190
准 110
凄 125
凍 158
凌 202
剣 77
剛 87
剤 93
剝 168
剖 185
勉 182
匿 161
卿 74
原 80
員 39
唄 40
唆 90
哨 113
唇 119
哲 155
唐 158
哺 182
埃 212
埋 188
夏 47
套 159
娯 82
娠 120
姫 175
娩 182
娘 190
孫 140
宴 43
家 47
害 51
宮 65
宰 91
宵 113
容 196
射 103
将 113
屑 72
展 156
峡 67
峻 109
島 159
峰 184
差 90
帰 60
師 98
席 128
帯 141
庫 81
座 90
庭 154
弱 104
徑 73
従 108
徐 112
徒 157
恩 46
恐 68
恭 68
恵 74
恣 98
息 139
恥 146
恋 206
悦 42
悔 49
悟 82
悌 154
悩 165
扇 130
挙 66
拳 77
挨 35
挟 67
挫 90
振 120
捜 135
挿 135
捉 139
捗(捗) 152
挺 154
捕 182
効 84
敏 176
料 202
旅 201
既 60
晃 85
時 100
晋 120
書 111
朔 94
朕 152
朗 207
案 36
桜 45
格 52
核 52
株 54
栗 72
桂 74
桁 76
校 85
根 89
栽 91
桟 95
栞 101
柴 102
栓 130
桑 135
桃 159
桐 159
梅 167
桧 174
残 96
殊 104
殉 110
殷 212
殺 94
氣 60
泰 141
浦 40
海 50
浩 85
浚 216
消 113
渉 114
浸 120
浜 176
浮 177
浴 197
流 200
涙 203
浪 207
烈 206
特 161
狭 67
狸 220
珠 104
班 171
畝 40
畜 147
畠 169
畔 171
留 200
疾 102
症 113
疲 173
病 176

12画

14画

15画

16画

17画

江守賢治（えもり けんじ）

1915（大正4）年－2011（平成23）年。広島文理科大学（哲学）卒業。元文部省主任教科書調査官，元日本書写技能検定協会理事。

主要編著書『字と書の歴史』『漢字字体の解明』『筆順のすべて』（以上，日本習字普及協会）『楷行草総覧』（日本放送出版協会）『楷行草筆順・字体字典』『解説字体辞典』『草書検索字典』（以上，三省堂）。

編集協力

伊藤文生（いとう ふみお）

1956（昭和31）年生まれ。東京大学大学院修士課程修了（中国哲学専攻）。

主要編著書『簡明書道用語辞典』（天来書院）『例解新漢和辞典』『新明解現代漢和辞典』（共編。以上，三省堂）『碧巌録』（共訳。岩波文庫）。

1980年 2月20日　初版発行
1982年 2月 1日　第二版発行
2012年 6月10日　第三版発行
2021年 7月30日　第四版発行

正しくきれいな字を書くための
漢字筆順ハンドブック 第四版

二〇二一年七月三〇日　第一刷発行

著　者――江守賢治
発行者――株式会社三省堂　代表者――瀧本多加志
印刷者――三省堂印刷株式会社
発行所――株式会社三省堂
〒一〇一-八三七一
東京都千代田区神田三崎町二丁目二二番一四号
電話＝編集（〇三）三二三〇-九四一一
営業（〇三）三二三〇-九四一二
https://www.sanseido.co.jp/

〔4版筆順ハンド・二八八頁〕
落丁本・乱丁本はお取り替えいたします。
ISBN978-4-385-20076-7